日本国国憲案の研究

植木枝盛 憲法案における軍事と人権

中村克明

関東学院大学出版会

まえがき

　独創的かつ民主的色彩の濃厚な憲法案（私擬憲法）であって、日本国憲法にも多大な影響を与えたとされる植木枝盛（1857［安政4］-92［明治25］年）起草の日本国国憲案（東洋大日本国国憲桉［案］）は、多くの文献で取り上げられ、諸方面において高く評価されている。ただ、にもかかわらず、日本国国憲案をテーマとした研究書はこれまでのところ出版されていないようである。その理由は必ずしも明らかではないが、例えば同案は重要な歴史的文書ではあるが、実定憲法ではないので、概要が分かればいいのであって、それ以上、深く突っ込んで検討する必要はないといったことがあったのではないか、と推測される。それにしても、研究書が皆無であるという状況は私にはとても理解し難いものであった。

　そこで、憲法学には門外漢であるが、日本国憲法（特に、前文及び第9条の非武装平和主義）を強く支持し、平和学を専攻する者として、どうしても日本国国憲案を検討してみたい、そして同案を日本国憲法との比較的観点から評価してみたいと考え、執筆したのが本書である。ただし、平和学の中でも、私の関心は日本国憲法が規定している"戦争の放棄"と"国民の権利"にほぼ限定される。それゆえに、日本国国憲案の研究といっても、本書で考察することができたのは、第Ⅰ部「研究」の第1章"防衛構想"と第2章"人権保障"にとどまっている。もっとも、この2つの課題を検討するためには、同案の皇帝・立法・行政並びに連邦制等に関する分析も欠かすことができないので、これらについても、かなりの程度、紙数を割いた。

　なお、第1章と第2章との間に一部、議論が重なっている部分が存するが——日本国憲法前文第2段に、諸国民の"平和的生存権"が高らかに謳われているように——、本来、"戦争の放棄"＝"平和"は"人権"そのものであるから、本書では重複部分があっても、それらをあえて削除しなかった。

ii　　ま え が き

　第Ⅱ部「資料」の第3章には、日本国国憲案の校訂版を置いた。すなわち、現存する数種の写本（清書本及び草稿本）を、厳密に比較考証し、条文の脱漏や脱字を補い、固有名詞等の明らかな誤字を訂正すると共に、大日本帝国憲法（明治憲法）を参考にして文言を統一し、日本国国憲案の、いわば完成校といえるものを提示した。

　そして、同じく第4章には、日本国国憲案の起草者である植木を知るためのツールとして、「植木枝盛関連図書目録」を収めた。植木の思想や業績の解明があってこそ、日本国国憲案の精神や理念が正確に理解されると考えるからである。

　本書は、以上のような構成から成っている。もし本書に、学問的な意義があるとすれば、それは日本国国憲案について、従来、ほとんど議論されてこなかった、あるいは看過されてきた事柄を真正面から取り上げ——憲法学や日本史学等からではなく——、平和学の観点から批判的に考察したことであろう。もとより、本書の内容が浅薄であることは否定できないが、それでも私としては一応、納得のいくものができたと思っている。忌憚のないご批判をいただければ、幸いである。

　本書の出版に当たっては、関東学院大学人文学会から出版助成をいただいた。同人文学会長・大澤善信社会学部長並びに関東学院大学出版会編集委員長・佐藤茂樹国際文化学部教授、同出版会・四本陽一氏に厚く御礼申し上げる次第である。

＊　　　　＊　　　　＊

　“お前と修（私の弟）は生きがいだ”と、かすれた声で最後に述べた母・敏子は、天国で本書を喜んでくれると思う。厳しかったが、やさしい母であった。私はその母に何の恩返しもすることができなかった。後悔の念でいっぱいである。母の願いは遺書にあったように、私と弟が仲良く、そしてこれまで以上に兄弟で父を大切にしていくことであると思う。この願いを裏

切らぬよう心して残りの人生を送るつもりである。59年間にわたる愛と支援に感謝し、母の冥福を祈る。

　　　2017（平成29）年1月14日
　　　関東学院大学金沢文庫キャンパスの研究室で

　　　　　　　　　　　　　　　　　　　　　　　中　村　克　明

目　　次

まえがき……………………………………………………………… i

第Ⅰ部　研　　究…………………………………………………… 1

第1章　日本国国憲案の防衛構想に関する考察………………… 3

1.1　は じ め に ………………………………………………… 3

1.2　日本国国憲案について ……………………………………… 4

1.3　日本国国憲案における軍事条項 …………………………… 7

1.3.1　日本聯邦の権限 ……………………………………… 7

1.3.2　皇 帝 の 権 限 ……………………………………… 7

1.3.3　聯邦立法院の権限 …………………………………… 9

1.3.4　聯邦司法庁の権限 …………………………………… 9

1.3.5　日本各州の権限 ……………………………………… 9

1.3.6　日本国民の権利 ……………………………………… 10

1.4　日本国国憲案における防衛構想の概要 …………………… 10

1.5　日本国国憲案における防衛構想の問題点 ………………… 12

1.5.1　皇帝の軍事大権 ……………………………………… 12

1.5.2　緊　急　権 …………………………………………… 14

1.5.3　日本各州の軍事権限 ………………………………… 16

1.6　日本国国憲案の防衛構想に対する評価 …………………… 18

1.7　む　す　び ……………………………………………………… 20

第2章　日本国国憲案の人権保障に関する考察 ……………… 33

2.1　は じ め に ………………………………………………… 33

2.2　日本国国憲案の人権条項とその特色 ……………………… 34

2.3　緊急権条項と皇帝の権限に関する問題点 ………………… 36

vi　目　次

2.4　国軍条項に関する問題点 ……………………………………… 40

2.5　第43条及び総則規定に関する問題点 ………………………… 45

2.6　むすび——従来の評価の妥当性について ……………………… 49

第Ⅱ部　資　　料 ………………………………………………… 61

第3章　校訂・日本国国憲案 ……………………………………… 63

第4章　植木枝盛関連図書目録 …………………………………… 83

4.1　は じ め に …………………………………………………… 83

4.2　植木自身の著作 ……………………………………………… 86

4.3　研究書、一般書、書誌等 …………………………………… 97

4.4　小 説 関 連 …………………………………………………… 174

4.5　漫　　　画 …………………………………………………… 175

第Ⅰ部 研 究

第1章　日本国国憲案の防衛構想に関する考察

1.1　はじめに

　自由民権運動の代表的思想家・植木枝盛が、1881（明治14）年8-9月（8月28日以降9月19日以前）に起草した日本国国憲案（東洋大日本国国憲桉［案］）[1]は、今日、90を超えるといわれる私擬憲法[2]の中で「最も民主主義的な内容のものであ」り、「ブルジョア民主主義の極致を行く独創的な案」[3]であって、日本国憲法にも多大な影響を与えた[4]、と高く評価されている。確かに、「日本ノ国家ハ日本各人ノ自由権利ヲ殺減スル規則ヲ作リテ之ヲ行フヲ得ス」（第5条）、「日本ノ国家ハ日本国民各自ノ私事ニ干渉スルコトヲ施スヲ得ス」（第6条）といった国家の大原則を定めた条文や、抵抗権（第64、70-71条）[5]、革命権（第72条）[6]を含む詳細な人権条項（第40-74条）、並びに国民（人民）主権を事実上規定した「日本聯邦ニ関スル立法ノ権ハ日本聯邦人民全体ニ属ス」（第114条）、「日本国ハ日本国憲法ニ循テ之ヲ立テ之ヲ持ス」（第1条）等の条文は、日本国憲法の理念・規定と同様の、あるいは部分的にはそれを上回る内容となっているようにみえる。

　しかしながら、こうした評価はもっぱら日本国国憲案の中核条項である人権保障や国民主権、あるいは聯邦制に対してなされている[7]ものであって、それ以外の条項については必ずしも十分な分析や掘り下げが行われているとはいい難い。例えば、日本国国憲案では聯邦立法院に強大な権限を与える一方で、行政権独立主義を一部認める等の矛盾点がみられるが、これについては「単に立法技術のまずさに由るもので、特殊な意図によるものではあるまい」[8]といった簡単な説明しかなされていないのである。

　そこで、このような研究状況を踏まえ、本章ではこれまで諸学界（憲法

4 第Ⅰ部 研　　究

学、日本史学、平和学、政治学等）においてほとんど議論されてこなかった日本国国憲案の防衛構想について、軍事条項を中心に同案の諸条項を検討し、これを明らかにする[9]と共に、それと日本国憲法の平和保障方式とを比較して、現代において同構想がどのように評価されるのかについても、考察してみることにする。

1.2　日本国国憲案について

　日本国国憲案における軍事条項を検討する前に、同案の作成経緯とその特色及び編成について、みておくことにしよう[10]。

　1880（明治13）年11月の国会期成同盟第2回大会で、翌1881（明治14）年10月の次回大会までに各政社が憲法見込案を作成し研究するとの合議がなされた。これに基づき、土佐の立志社でも憲法案の作成が行われた[11]が、この時の憲法案が、今日、2つ伝わっている。1つは、日本憲法見込案[12]と題するものであり、もう1つは植木の日本国国憲案（同草稿本「日本国憲法」[1881（明治14）年8月28-29日作成][13), 14)]）である。

　日本憲法見込案と日本国国憲案との関係について、どちらが先に起草されたのかを巡って、家永三郎と稲田正次との間に論争が展開された。すなわち、日本国国憲案が最初に起草され、これを全面的に書き改めたものが日本憲法見込案であるとする家永説と、日本憲法見込案が先に起草され、これを修正したものが日本国国憲案であるとする稲田説とが主張された[15]のである。この論争は未だに決着をみていないが、近年では基本的には家永説に立ちつつ、日本憲法見込案の起草者を従来説かれてきた坂本南海男（直寛）ではなく、代言人・北川貞彦とする外崎光広の新説[16]が注目されている。もっとも、両者間に憲法構想としての大きな差異はなく、共に「その内容は、現在知られている憲法案のなかではもっとも民主主義的傾向の強いもので、かつ他の諸案にみられない独特の条項を含んでおり、民権運動が目標とした国家像の最高のものをあらわしているといえる」[17]と評されている。

日本国国憲案の特色は、第1に人権の保障を憲法の眼目とし、極めて徹底した趣旨の規定を設けている点、第2に国民主権説に立脚して、参政権を国民のできるだけ多くの人々に与え、議会（聯邦立法院［一院制］）中心の民主主義的統治組織（アメリカ流の三権分立主義）を実現しようとしている点、第3に地方自治を最大限に実現するために、アメリカやスイスに倣い、日本を聯邦制国家としている点[18]等である。

日本国国憲案の編成（伊藤博文文書「秘書類纂. 憲法八」〔宮内庁書陵部蔵〕による）は、次のとおりである[19]。

第1編　国家ノ大則［大則］及権利［限］

　　第1章　国家ノ大則（第1-2条）

　　第2章　国家ノ権限（第3-6条）

第2編　聯邦ノ大則［大則］及権限並ニ各州ト相関スル法

　　第1章　聯邦ノ大則（第7-11条）

　　第2章　聯邦ノ権限並ニ各州ト相関スル法（第12-28条）

第3編　各州ノ権限並ニ［及］聯邦ト相関スル法（第29-39条）

　　　　　　　　　　　　　　　　　　　　　　　　　　　＊第39条本文欠

第4編　日本国民及日本人民ノ自由権利（第40-74条）

第5編　皇帝及皇族［皇族及］摂政

　　第1章　皇帝ノ特権［威厳］（第75-77条）

　　第2章　皇帝ノ権限（第78-95条）

　　第3章　皇帝及帝位［皇帝ノ］継承（第96-99条）

　　第4章　皇帝ノ即位（第100条）

　　第5章　皇帝ノ婚姻（第101-102条）

　　第6章　皇帝ノ歳俸（第103条）

　　第7章　皇帝ノ年齢［令］（第104条）

　　第8章　摂　政（第105-111条）

　　第9章　皇　族（第112-113条）

6 　第Ⅰ部　研　　究

第<u>4</u>［6］編　立法権ニ関スル諸則［規則］

第1章　立法権ニ関スル大則（第114-119条）

第2章　立法<u>院</u>［権ノ］権限（第120-138条）

第3章　立法議員<u>ノ権力</u>［権力］（第139-140条）

第4章　議員撰挙及被撰挙ノ法（第141-145条）

第5章　議員ノ<u>任</u>［^{本ノマゝ}在　］期（第146条）

第6章　議員ノ<u>償給旅費</u>［償給費］（第147条）

第7章　議員ノ制限（第148条）

第8章　<u>立法会議</u>［ノ時日］（第149-150条）

第9章　立法会議開閉集散（第151-156条）

第10章　会議<u>規則</u>［ノ規則］（第157-161条）

第11章　立法院ノ決議ヲ国法トナ［<u>為</u>］スニ就テ皇帝ト相関スル規則（第162-164条）

第7編　行政権ニ関スル諸則

第1章　行政権ニ関スル大則（第165-170条）

第2章　行政官（第171-176条）

第3章　行政府（第177-178条）

第4章　統計局（第179-182条）

第8編　司法権ニ関スル諸<u>規則</u>［則］

第1章　司法権ニ関スル大則（第183-186条）

第2章　法　官（第187-188条）

第3章　法　衙（第189条）

第4章　裁　判（第190-193条）

第5章　高等法院（第194-196条）

第9編　土　　地（第197-199条）

第10編　租　　税（第199-201条）　＊第199条条数重複

第11編　国　　金（第202条）

第12編　財　　政（第203-204条）

第13編　会　　計（第205条）

第14編　甲^(用)[用軍] 兵（第206-211条）

第15編　外国人帰化（第212条）

第16編　特　　法［特法学事］（第213、215-216条）　＊第214条欠

第17編　鉄道電信陸路水利（第217条）

第18編　憲法改正（第218-219条）

附　　則（第220条）

1.3　日本国国憲案における軍事条項

　日本国国憲案の編成をみたところで、次に同案における軍事条項について、それらを権限の主体別に整理してみよう。

1.3.1　日本聯邦の権限

　日本聯邦は、軍隊（常備軍）を設置し（「日本聯邦ニ常備軍ヲ設置スルヲ得」[第26条]）、宣戦講和権を有する（「宣戦講和ノ権ハ聯邦ニアリ」[第21条]——ただし、宣戦講和の機会を判断する[第78条]のは、行政府を統轄する皇帝[第89条]である）。また日本聯邦は、日本各州を外国の侵攻から防衛する責任がある（「日本聯邦ハ日本各州ニ対シ外国ノ侵冦ヲ保禦スルノ責アリ」[第11条]）。

1.3.2　皇帝の権限

　国家の兵権（「兵馬ノ大権」）を握るのは、聯邦行政権を統轄する聯邦行政府の長（「皇帝ハ聯邦行政府ノ長タリ常ニ聯邦行政ノ権ヲ統フ……」[第89条]）であり、聯邦司法庁の長（「皇帝ハ聯邦司法庁ノ長タリ其名ヲ以テ法権ヲ行フ又法官ヲ命ス」[第90条]）であって、国軍の大元帥（「国軍ノ大元帥ハ皇帝ト定ム」[第207条]）である皇帝（「国家ノ兵権ハ皇帝ニ在リ」[206条]——この名称は、日本国国憲案によって「新に定められたものであ」[20]る

8　第Ⅰ部　研　　究

が、その地位は「今上天皇陸仁陛下」に属し［第96条］、その「正統子孫」
が世襲する［第97条］）である。皇帝の軍事に関する権限は、次のような
のである。

　　・「皇帝ハ兵馬ノ大権ヲ握ル　宜　戦講和ノ機ヲ統フ他国ノ独立ヲ認ムル
　　　ト認メサルトヲ決ス　但シ和戦ヲ決シタルトキハ直ニ立法院ニ報告セ
　　　サルヘカラス」（第78条）
　　・「皇帝ハ平時ニ在リ立法院ノ議ヲ経スシテ兵士ヲ徴募スルヲ得」（第79
　　　条）
　　・「皇帝ハ諸兵備ヲ為スヲ得」（第85条）
　　・「国軍ノ将校ハ皇帝之ヲ撰任ス」（第208条）
　　・「常備兵ハ法則ニ従ヒ皇帝ヨリ民衆中ニ募リテ之ニ応スルモノヲ用ユ」
　　　（第209条）
　　・「常備軍ヲ監督スルハ皇帝ニ在リ　非常ノコトアルニ際シテハ皇帝ハ
　　　常備軍ノ外ニ於テ軍兵ヲ募リ志願ニ随フテ之レヲ用フルヲ得」（第210
　　　条）
　　・「他国ノ兵ハ立法院ノ議ヲ経ルニ非ラサレハ雇使スルヲ得ス」（第211
　　　条）
　この他、第16編「特法」における次の緊急権条項も（これらの条文にはそ
の命令権者が明記されていないが、第86条に「皇帝ハ国政ヲ施行スルカ為メ
ニ必要ナル命令ヲ発スルコトヲ得」とあるから）、皇帝の権限であると解さ
なければならない。

　　・「内外戦乱アル時ニ限リ其地ニ於テハ一時人身自由住居自由言論出板
　　　自由集会結社自由等ノ権利ヲ行フ力ヲ制シ取締ノ規則ヲ立ツルコトア
　　　ルヘシ其時機ヲ終ヘハ必ス直ニ之ヲ廃セサルヲ得ス」（第213条）
　　・「戦乱ノ為メニ已ムヲ得サルコトアレハ相当ノ償ヲ為シテ民人ノ私有
　　　ヲ収用シ若クハ之ヲ滅尽シ若クハ之ヲ消費スルコトアルヘシ其最モ急
　　　ニシテ預メ本人ニ照会シ預メ償ヲ為スコト暇ナキトキハ後ニテ其償ヲ
　　　為スヲ得」（第215条）

・「戦乱アルノ場合ニハ其時ニ限リ已ムヲ得サルコトノミ法律ヲ置格スルコトアルヘシ」（第216条）

1.3.3 聯邦立法院の権限

日本聯邦の法律制度を定める――国民から直選された3年任期の聯邦（立法）議員（「聯邦議員ハ聯邦人民之ヲ直撰ス」[第141条]、「聯邦ノ立法議員ハ3年ヲ1期トシ3年毎ニ全員ヲ改撰ス」[第146条]）によって構成される――聯邦立法院（「日本聯邦ノ法律制度ハ聯邦立法院ニ於テ立定ス」[第117条]）の軍事に関する権限としては、同院の議決を経なければ他国の兵士を雇用することはできないこと（第211条）、皇帝から和戦決定の報告を直ちに受け取る権利があること（第78条）の他、次のようなものがある。

・「聯邦立法院ハ聯邦ノ軍律ヲ定^(ム)ルコトヲ得」（第121条）
・「聯邦立法院ハ聯邦ニ関スル兵制ヲ議定スルコトヲ得」（第123条）

1.3.4 聯邦司法庁の権限

聯邦司法庁との関係では、軍律（軍法）を犯した軍人は軍事裁判所（軍法会議）で処罰される（「軍人ノ軍律ヲ犯スモノハ其軍ノ裁判所ニ於テ其軍ノ律ニ処ス」[第186条]）。ちなみに、非常裁判所を設置し、非常裁判官を選んで臨時に司法権を行使することはできない（第185条）。

1.3.5 日本各州の権限

日本国国憲案が聯邦制を採用しているところから、日本各州にも軍事について、次のような権限が与えられている。

・「日本各州ハ既ニ冦賊ノ来襲ヲ受ケ危急ニ迫ルニアラサレハ戦ヲ為スヲ得ス」（第32条）
・「日本各州ハ互ヒニ戦闘スルヲ得ス争訟アレハ決ヲ聯邦政府ニ仰ク」（第33条）
・「日本各州ハ現ニ強敵ヲ受ケ大乱ノ生シタルカ如キ危急ノ時機ニ際シ

テハ聯邦ニ報シテ救援ヲ求ルコトヲ得又タ他州ニ向テ応援ヲ請フコト
ヲ得各州右ノ次第ヲ以テ他州ヨリ応援ヲ請ハレシ時真ニ其危急ニ迫ル
ヲ知ルトキハ赴援スルヲ得其費ハ聯邦ニ於テ之ヲ弁ス」（第34条）
・「日本各州ハ常備兵ヲ設置スルヲ得」（第35条）
・「日本各州ハ護郷兵ヲ設置スルヲ得」（第36条）[21]

1.3.6 日本国民の権利

　日本国民の権利に直接関わる軍事条項は、第73条の「日本人民ハ兵士ノ宿
泊ヲ拒絶スルヲ得」だけであるが、戦時・非常時における軍兵の徴集が徴兵
制ではなく、志願制である（第79、209-210条）点も、見落としてはならない
であろう。

1.4　日本国国憲案における防衛構想の概要

　では、このような諸条項から導き出される日本国国憲案の防衛構想は、ど
のようなものであろうか。次に、この点について検討してみよう。
　日本聯邦は、軍隊（常備軍）を設置することができる。軍隊の任務は、
「日本各人」の保障と国民主権を核心とする憲法（＝日本国国憲案）を護衛
すること、いい換えれば国内外の敵から国民個々人の生命と人権、民主主義
体制を防御することである（「軍兵ハ国憲ヲ護衛[衛]スルモノトス」[第14編]）。
　このような任務を負う軍隊の統帥権者は、大元帥である皇帝である。皇帝
は兵士を徴募し、軍備を整え、軍隊を監督する。また皇帝は、日本聯邦にお
ける行政府の長（第89条）であるから実質的に宣戦講和権を掌握し[22]（皇帝は
「宣[本ノマ丶]戦講和ノ機ヲ統フ」[第78条]）、他国の独立を承認するか否かを決する
ことができる[23]（ただし、和戦を決定した時はその旨を直ちに〔聯邦〕立法
院に報告しなければならない）。
　もっとも、軍律を制定し、兵制を議定するのは聯邦立法院の権限であっ
て、皇帝はこれらの法律や制度に従って、国家の兵権を統帥することにな

る。ちなみに、聯邦立法院が議決した「成説[議]」は皇帝に呈してその承認を得る必要があり（「聯邦立法院ニテ決定シタル成説[議]ハ皇帝ニ呈シテ承認ヲ得ルヲ必トス」［第162条］）、また皇帝は聯邦立法院の議決を承認し難い時（「実施シ難シト為ストキ」［第95条］、「準許セサルコトアルトキ」［第164条］）は、（聯邦）立法院にその再議を要求することができる（第95、164条——ただし、後者に関しては、［聯邦］立法院が再議して議員総数の過半数以上の賛成で再可決した時は、皇帝はその「成説[議]」を必ず実施しなければならない［「立法院之ヲ再議シタルトキハ議員総数過半以上ノ同意アルヲ見レハ更ニ奏シテ必ス之ヲ行フニ定ム」（第164条）］）。

　軍人については、国軍の将校は皇帝が選任するが、常備兵は法律に従い、皇帝が民衆の中から募って、これに応ずる者を採用し、また「非常ノコト」があった場合には、皇帝は常備軍の他に軍兵を募集し、志願によってこれを採用する。したがって、たとえ、戦時・非常時であっても、徴兵制（義務兵役制）を布くことは許されない（もっとも、「特法」との関連で、"合憲"とされる可能性も全くないわけではない）。軍人で軍律を犯した者は、軍事裁判所で処罰される。

　日本国民は、平時には人権（自由権）が法律の留保なしに保障される（第5－6、40-74条）が、戦争及び内戦においては、皇帝の命令（第86条）によって、一時的に人身の自由（第44-48条）、住居の自由（第57-58条）、言論出版の自由（第51-53条）、集会結社の自由（第54-55条）等が制限され、そのための取締り規則も制定される。同様に、戦争や騒乱のためにやむを得ない場合には皇帝の命令により、相当の補償を行って、国民の私有地・私有物を収用・滅尽・消費することができ、また戦争に対処し得るよう法律を「置格」（「格置」）することも認められる。

　日本聯邦を構成する「日本武蔵州　山城州　大和州　和泉州　摂津州……大隅州　薩摩州　壱岐州　対馬州　琉球州」等の70の州（第7条）は、それぞれ独自に常備兵及び護郷兵を設置することができる。ただし、日本各州は互いに戦闘してはならず、争訟があった場合にはその判断を聯邦政府に仰が

12 第Ⅰ部 研 究

ねばならない。また、外国軍（「寇賊」）との戦闘にあたっては、日本各州は
その来襲を受け、危急が迫った時でなければ武力を行使することはできな
い。さらに日本各州は、現実に武力攻撃を受けて大乱が生じたような危急時
には日本聯邦に報告して救援を求めることができ、また他州にも応援を請う
ことができる。他州からの応援要請に対し、真に危急であると認めた時は、
日本各州は軍を派遣することができる（その費用は、日本聯邦が負担す
る）。日本聯邦には、日本各州を防衛する責務がある。

1.5　日本国国憲案における防衛構想の問題点

　このような日本国国憲案の防衛構想には、軍隊（常備軍）の任務は憲法を
護衛することであるとか、日本各州に常備兵や護郷兵を設けることができる
等といった特色ある内容（特に、前者については、「少くとも日本の政治思
想家の間では、ほとんど類例を見出すことができない」[24]植木独自の見解で
あるとされる）が含まれているが、しかし今日の視点からみた場合には、い
くつかの問題点が存することも確かである。例えば、「他国ノ独立ヲ認ムル
ト認メサルトヲ決ス」（第78条）という、あたかも日本による植民地支配を
正当化するが如き条項は――日本国国憲案の起草当時にあっては、それなりに
の意味を持つものであったかもしれないが――、現在の国際社会においては
決して是認されるものではないであろう。この他にも、以下のような問題点
が挙げられよう。

1.5.1　皇帝の軍事大権

　その第1は、皇帝の軍事大権についてである。軍事に関しては、聯邦立法
院にも軍律や兵制を定める権限が与えられているが、兵権を統帥するのはあ
くまでも国軍の大元帥である皇帝である。宣戦講和権も、事実上、行政府の
統括者である皇帝が掌握する[25]（ただし、和戦を決定した時は、その旨を直
ちに聯邦立法院に報告する義務が存する）。皇帝の統帥権は絶対であり、他

第1章　日本国国憲案の防衛構想に関する考察　　13

の国家機関がこれに関与することは一切できない。

　皇帝の軍事大権の中でも決定的に重要な事項は宣戦権の行使（第78条）であろう。いうまでもなく、どのような理由や目的があろうとも——仮に、"戦争制度"を認めたとしても——、戦争は国民（民族）の生存と国家の存立に極めて重大な影響を及ぼすものであるから、それは可能な限り最大限に回避されなければならない。そのためには、相手国との外交交渉が何よりも大切となるが、これが決裂し、やむなく開戦に踏み切った場合には今度は一刻も早く、互いの妥協点を見出し、第三国の仲裁の下に戦争を終結させること（講和条約の締結）が望ましい。戦闘を継続することは、それだけ犠牲者や戦争難民を増やすことになるのであるから、いたずらに戦争を長引かせることは絶対に許されない。

　しかし実際には、戦端が開かれたならば、国軍の大元帥である皇帝を頂点とする軍部独裁の下で、国内は戦時色一色となり、戦争を速やかに終了させることは難事となろう。なぜなら、皇帝は「特法」条項に依って、戒厳令を布き、国内法体系を戦争に対処するよう平時法から戦時法へと改変し、また言論抑圧法や軍事（国家）秘密保護法等を次々に制定して、戦争反対の声を徹底的に封殺すると共に、世論操作を行って、敵国に対する敵愾心を煽り（戦意の高揚）、戦争政策を積極的に推進しようとするであろうからである。平時の拘束から解放されて、全権力を掌握することができる戦時体制の継続を皇帝が望んだとしても決しておかしくはない。穿った見方をすれば、皇帝は自らに課せられた憲法の厳しい縛りを排除するために、あえて戦争に打って出る可能性さえあるといえるのであって、皇帝への軍事権限の集中は、最高度に危険であるといわざるを得ないであろう。

　皇帝の軍事大権について、さらに指摘すべきは兵権を掌握する皇帝の特別の地位についてである。皇帝は、名称こそ異なっているものの、実際には天皇そのものであって、その地位は「今上天皇陛仁陛下」（第96条）とその「正統子孫」が世襲する（第97条）格別のものである。そのため、皇帝には「皇帝ハ国政ノ為メニ責ニ任セス」（第75条）、「皇帝ハ刑ヲ加ヘラル、コトナ

14   第 I 部 研　　究

シ」（第76条）及び「皇帝ハ身体ニ属スル賦税ヲ免カル」（第77条）の「特権」が認められている[26]。問題は、このような特権的地位にある皇帝が、平時はさて置き、戦時において国民の生命や人権を本気で守ろうとするかどうかである。というのは、どんな状況下にあっても、憲法で規定されているとおり、皇帝の位は"正統子孫"に世襲されねばならないから、皇帝にとって最大の使命は皇統の維持であり、またその身分（権力）の確保と身体の保全であって、人権の保障や民主主義体制の存続ではないからである。

「近代民主制のもとで、戦時・非常事に対しては国民代表機関（議会・国会）による立法的統制が必要であるといわれる」[27]が、日本国国憲案の規定はそこまで到達しておらず、戦時における諸対策は皇帝に全面的に委ねられている。したがって、戦争（とりわけ、その最終段階）において、皇帝が自身と親族を守るために——「特法」で国民の権利を制限・停止することが認められているのであるから——、仮に国民を見捨てるようなことがあったとしても、それは憲法違反とはならないのであって、戦時・非常時に対する"国民代表機関（議会・国会）による立法的統制"を欠いた日本国国憲案の下では、国民と利害関係を根本的に異にする皇帝による国の安全や人権の保障は全く期待できないとみておくべきであろう。

皇帝の軍事大権は、結局、皇帝による恣意的な平和の破壊と人権の抑圧を可能とするものであって、「日本ノ国家ハ日本各人ノ自由権利ヲ殺減スル規則ヲ作リテ之ヲ行フヲ得ス」（第5条）という日本国国憲案の大原則に根本的に抵触する権限であったといわなければならない。

1.5.2　緊　急　権

第2は、緊急権[28]についてである。「特法」に規定された緊急権の命令権者は、皇帝である（1.3.2参照）。日本国国憲案では、緊急権は戦争または内戦の勃発を要件とするが、これが発動された場合には一時的にではあるが、国民は主権者としての地位を失い、皇帝の"臣民"と化すことになる。そして、国民の自由や権利は皇帝政府によって剥奪され、さらにそれを保障

するための人権取締り規則も制定される。その人権取締り規則にあっては、国民の抵抗権や革命権を含む、あらゆる人権が事実上、制限・停止されることになろう。なぜなら、「特法」の下で制限される人権が第213条に列挙されているが、そこには「人身自由住居自由言論出板自由集会結社自由等」（下線－引用者）と記されているからである。つまり、制限される人権は何も列挙されたものに限られるわけではない、ということがここに示唆されているからである。

　緊急権（の発動）は人権保障のみならず、立憲民主体制の存続にも多大な影響を及ぼすことになる。日本国国憲案では一応、戦争終結後、必ず直ちに人権取締り規則を解除しなければならないとされているが、しかし——もしも、対外戦争に敗北した場合はもちろん、勝利した場合であっても——、そのとおりに事が運ばれ、立憲民主体制がすぐに原状に復帰するのかといえば、そのような見方はあまりにも甘すぎるであろう。なぜなら、戦争に乗じて、国民から主権を奪い、民主勢力を弾圧して、国家権力を一手に掌握した皇帝が、その権力をやすやすと手放すとは到底考えられないからである。特に内戦において、皇帝政府側が勝利を収めた場合には、それは民主勢力の敗北（少なくとも、大幅な後退）を意味するわけであるから、その後は皇帝を頂点とした独裁体制に移行するとみるのが常識的だからである。緊急権体制は、皇帝が「"必要"と考える限り」「続け」られるのが「ふつう」[29]であって、これが常態化しないという保障はどこにもないのである。そして、これを契機として、政府は——右翼や国家主義団体とも結託して——、教育やマスメディア、地方行政等に対する干渉や統制を一層強化し、日本を軍国主義体制へと変貌させていくことになろう。

　ただ、このような事態が現実化した場合には、国民も政府に対し、人権の保障と政治の民主化を求めて、憲法で保障された抵抗権や革命権を行使し、武装蜂起することも考えられよう。そうなれば、国軍の大元帥である皇帝は軍隊を動員して過酷な弾圧に出る（治安出兵）であろうし、その反対に軍隊の内部にも憲法の規定（「軍兵ハ国憲ヲ護衛^(衛)スルモノトス」［第14編］）に

16　第Ⅰ部　研　　究

忠実に従って、皇帝の命令をあえて拒否し、国民の側に立って戦う、いわゆる"反戦軍人"も現れるであろうから（もっとも、皇帝側が勝利した場合には、これらの軍人は皇帝＝国家に対する反逆罪で、軍事裁判所にかけられ、極刑に処せられることになろう）、国内は内乱状態となり、革命的事態が生起することも予想される。その結果次第では、新たな民主国民政府が誕生することもあり得よう。

　いずれにしろ、日本国国憲案は「日本ノ国家ハ日本各人ノ自由権利ヲ殺滅スル規則ヲ作リテ之ヲ行フヲ得ス」（第5条）、「皇帝ハ人民ノ権利ニ係ルコト……ヲ専行スルヲ得ス必ス聯邦立法院ノ議ヲ経ルヲ要ス立法院ノ議ヲ経サルモノハ実行スルノ効ナシ」（第87条）と規定する一方で、こうした「内外戦乱の場合自由権の保障を停止するというようなプロイセン憲法流の規定を設けて」[30]おり、それは"立法技術のまずさ"というより、「民権論者のつくつた草案としては解し難いことであ」[31]り、「かような濫用のおそれがある緊急権の規定が何故に設けられたか一寸諒解に苦しむものがある」[32]。

　「特法」＝緊急権は、独裁・軍国主義体制確立のための"合憲的"民主勢力弾圧手段であり、権力による人権の弾圧と立憲民主体制の崩壊は、おそらくそれらの再生を最大限に困難なものとするであろう。

1.5.3　日本各州の軍事権限

　そして第3は、日本各州の軍事権限についてである。確かに、この規定は聯邦制の大きな特色を示すものとして注目されるが、しかし小競い程度であればまだしも、外国からの本格的な攻撃に対しては侵攻を受けた州（あるいは州連合）だけでは対応できず、日本聯邦に大幅に依存せざるを得なくなるであろう。当然のことながら、侵攻国軍（いわゆる"多国籍軍"も考えられる）も、攻撃対象（目的）が特定の州であるにしても、日本聯邦全体を敵にまわすことを想定した上で侵攻してくるはずである。たいした戦争準備もせずに、わざわざ海（空）を越えて1つの州を攻撃するためだけにやってくるような国はないであろうし、もしあったとしてもそのような国の軍隊は侵

攻した州の軍隊（常備兵、護郷兵）や州連合軍（あるいは日本聯邦軍）によって、容易に撃退（滅）されることであろう。

　ところが、日本国国憲案では日本各州（または州連合）の兵力による戦闘で問題が解決することを予定しているだけで、日本聯邦全体にまで事態が拡大する、すなわち国家間の戦争（"武力の行使"[34]）にまで発展していくことについては想定されていないようである（宣戦講和権は、日本聯邦——実質的には皇帝——にあり、日本各州には存しない）。このため、日本国国憲案には例えば、国軍の大元帥（最高指揮監督権者＝最高司令官[33]）である皇帝と日本各州における常備兵・護郷兵（の司令官）との関係（指揮命令系統）がどうなるのかとか、軍隊の派遣及びその費用の支出等について、皇帝は（聯邦）立法院と協議する、あるいは（聯邦）立法院の承認を得る必要があるのかないのかといった規定は完全に欠落してしまっている。アメリカやロシア、中国等と違って、国土面積がおよそ37.7万平方キロ（しかも、平地はその３割弱）しかない日本では国民の意志に関係なく、どこかの州が攻撃を受けたならば、それが直ちに——とりわけ、現代では"核ミサイル"に代表される大量破壊兵器が登場したことによって——、他州、日本聯邦全体へと拡大していくことは必至であって、それを予想していないようにみえる日本国国憲案の規定には大きな不備が存しているといわなければならない。

　いったい、諸外国と「盟約」を締結する権利（「外国ト諸盟約ヲ結フノ権国家ノ体面ヲ以テ諸外国ト交際ヲ為スノ権ハ聯邦ニアリ」［第17条］）等は日本聯邦が独占しているのであり、日本各州には「各(外)国ニ向ヒ聯邦並ニ他州ノ権利ニ関セサル事ニ限リ経済上ノ件警察上ノ件ニ就キ互約ヲ為スヲ得又タ法則ワ立ツルコトヲ得」（第31条）が認められているだけ（「日本ノ各州ハ外国ニ向ヒ国家ノ権利体面ニ関シ国土ニ関スル条約ヲ結フコトヲ得ス」［第30条］）である。諸外国とこの程度の関係しか持つことのできない日本各州が、外国から侵攻を受け、自衛の戦闘を行わざるを得なくなるような深刻な事態（"武力の行使"）が実際に発生するのであろうか。日本国国憲案が想定しているような侵攻国（軍）対特定の州（軍）という構図は——よほど些

18　第Ⅰ部　研　　究

細なものであれば別であるが、そうではなく大規模な侵攻に対しては——、まずあり得ず、侵攻国（軍）対日本聯邦（軍）という形態を取るのが通例であるといえよう。

1.6　日本国国憲案の防衛構想に対する評価

　では、以上のような日本国国憲案の防衛構想は、日本国憲法の平和保障方式と比較して、どのような特徴を有し、またどのように評価されるのであろうか。最後に、この点について、考察してみることにしよう。

　日本国憲法が予定している平和保障方式は、前文と第９条（戦争の放棄［第１項］、戦力の不保持・交戦権[35]の否認［第２項]）[36]に規定されている——また、軍隊の設置・編成・行動・権限、宣戦・講和及び戦時・非常時における緊急権等が一切規定されていない（第66条第２項の、いわゆる“文民条項”も、“文民でなければ、軍縮や非軍事化を実現することはできない”という趣旨を謳ったものであって、武臣＝軍人［軍隊］の存在を積極的に承認したものではない）——ところに明らかなように、非武装中立（＝無軍備・非同盟中立）の、あるいは国際連合（安全保障理事会）によるそれ[37]であるが、これと対比した場合はもちろん、政府が採用している日米安保体制（自衛隊［国家固有の自衛権＝“自衛力”］＋駐留米軍［日米安全保障条約]）[38]方式からみても、日本国国憲案における防衛構想は前節（1.5）でみたような重大な問題点を抱えており、実に危険な構想であるとみなければならない。

　近現代の各国憲法には、国際法における“戦争違法化”の潮流と併行して、様々な平和保障条項が取り入れられている[39]が、日本国国憲案の構想は日本各州が常備兵や護郷兵を設置することができる点や、徴兵制を否認している（志願制を採用している）点を除けば、実質的には大日本帝国憲法（明治憲法）下における軍事体制[40]と大差ないといい得るのであって、このことは皇帝に諸々の軍事大権を掌握せしめ、宣戦講和を判断するに際して聯邦立

法院の関与を排除し、また緊急権を規定している点等に明瞭に示されている。日本国憲法との歴史的差異を多分に考慮したとしても、第14編で「軍兵ハ国憲ヲ護衞^(衞)スルモノトス」と規定し、また第1編第2章の第5条及び第6条で「国家ノ権限」として、人権の絶対的保障を明記した日本国国憲案において、——「各人ノ自由権利ヲ殺減スル」(第5条) 残虐な大量殺人行為である——戦争を未然に回避・防止し、「正義と秩序を基調とする国際平和を誠実に希求」(日本国憲法第9条第1項) するための明確な平和保障構想 (例えば、主権制限、永世中立、集団安全保障、軍縮・軍備撤廃等) が全然みられないのは、まさに"諒解に苦しむ"ところである。

　なるほど、学界の中には日本国国憲案の防衛構想と日本国憲法の平和保障方式とでは、「着想」が全く異なっているので、「一概にどちらがより民主主義的であるか断定しがたい」[41]とか、「国軍の統帥権を皇帝に専属せしめているごとき、……建軍の本旨が国憲擁護にあることを考えるとき、はなはだ不適切というほかないが、これなど立法技術上の配慮の不足以上のものではないようである」[42]とかいった見解も存するし、また徴兵制の禁止は人権の保障だけでなく、民主主義体制の維持にとっても、非常に重要な意義を有するもの[43]であるから、やはりそれなりの評価が与えられてしかるべきであると思われる。さらに、立志社の日本憲法見込案が宣戦講和権を国会に掌握せしめている事例を除けば、皇帝 (「天皇」「国王」「帝王」等) の宣戦講和権を否定している憲法案は存在しないのであって、ことさらに日本国国憲案の構想だけを批判するのは公平性を欠くことになろう。

　しかしながら、このような防衛構想の下で——仮に、領土や政治体制は守り得たとしても——、「人間の安全保障」[44]、換言すれば国民1人ひとりの生命や人権を保障することができるのかといえば、それはとても無理であると判定されよう。そもそも、戦争や軍事力によって国の主人公 (主権者) である国民の安全を守ろうという発想そのものが妥当であるのかどうか[45]、また生命や人権よりも高次の価値を有するものが果たして存在するのかどうか、もし存在するというのであればそれはいったい何なのか、が厳しく問われな

20　第Ⅰ部　研　　究

ければならないからである[46]。

　総じて、日本国国憲案の防衛構想は、戦争の残虐性・非人間性や軍事力の重大な危険性（軍国主義［＝人権・文化の抑圧］、軍事大国化、軍事同盟、軍拡・軍備競争、治安出兵、軍事クーデタ——さらに、現代ではこれらに核兵器［ICBM、IRBM、MRBM、SLBM 等］、生物化学兵器、軍産複合体、軍事基地［軍用機の騒音被害・墜落事故、軍人による暴行・殺傷事件、軍事演習による各種被害、自然破壊］等の問題[47]を加えることができよう）に対する認識が著しく欠如しているのであって、これと「日本国民および全世界の諸国民の平和的生存権をひとしく保障すること」を「安全と平和保障の目的」[48]とする非武装中立（あるいは国際連合による平和保障）を規範内容としている日本国憲法の平和主義（前文、第 9 条）との関連性は何ら見出すことができない。この点からすれば、日本国国憲案と日本国憲法とでは、——大陸、東南アジア及び太平洋地域への侵略戦争であったアジア太平洋戦争に対する深い反省と、これに基づき、「政府の行為によつて再び戦争の惨禍が起ることのないやうにすることを決意し」（日本国憲法前文第 1 項第 1 段）て、非武装平和主義をその 3 大基本原理の 1 つとして採用した——日本国憲法の方に圧倒的に軍配を上げなければならないであろう[49]。

　いかに歴史的限界があったにせよ、また実定憲法ではなかったにせよ、一方で国民主権と——日本国憲法を（少なくとも、条文上は）凌駕するほどの——詳細な人権保障[50]とを規定しながら、他方でこれを否定する、すなわち戦時・非常時に際し、人権を合法的に制限・停止せしめる諸条項（皇帝の軍事大権、緊急権等）を設定している日本国国憲案の防衛構想に対しては、極めて低い評価しか与えることができないのである[51]。

1.7　む　す　び

　日本国国憲案の防衛構想がこのように評価されるとすれば、同案そのものに対するこれまでの評価も、抜本的な再検討が必要になってくると思われ

る。もしかしたら——日本国国憲案の構想が、植木の思想をそのまま表現したものではない[52]にしろ——、憲法学界や日本史学界の一部に強く存する植木信仰の見直しにも繋がっていくことになるかもしれない。諸学界の今後の動向を注視していきたいと思う[53]。

【注】

1）家永三郎［ほか］編『新編明治前期の憲法構想』福村出版、2005、pp.385-397（底本「伊藤博文文書『秘書類纂. 憲法八』（宮内庁書陵部蔵）」）。以下、本章では、日本国国憲案の条文はすべて同文献から引用した。ただし、読解の便宜を図り、漢字は新字体（異体、俗体等も通行の字体）に改め、漢数字はアラビア数字に変えた。なお、日本国国憲案は同文献の他にも、吉野作造編輯擔當代表『明治文化全集. 第3巻』日本評論社、1929、pp.417-430、明治文化研究會編輯『明治文化全集. 第10巻（第3版）』日本評論社、1968、pp.417-430、大井憲太郎著者代表『明治文學全集. 12』筑摩書房、1973、pp.173-183、家永三郎編『植木枝盛選集』（岩波文庫；33-107-1）岩波書店、1974、pp.85-111、江村栄一校注『憲法構想』（日本近代思想大系；9）岩波書店、1989、pp.183-196、植木枝盛；家永三郎［ほか］編『植木枝盛集. 第6巻』岩波書店、1991、pp.96-122等に全文が収録されている。

2）新井勝紘編『自由民権と近代社会』（日本の時代史；22）吉川弘文館、2004、p.38によれば、「維新期から大日本帝国憲法発布までの期間に起草され、憲法という体裁を整えていなくとも、少なくとも、オリジナルな国家構想といいうるものを集計すると九〇を超える」とされる。なお、私擬憲法とは、「語義は『ひそかに憲法に擬する』の意で、政府の要人が当局者の参考のため、あるいは民間で政府案牽制のため試案した憲法案」のことである。高柳光寿・竹内理三編『角川日本史辞典（第2版）』角川書店、1974、p.427。

3）1）の家永［ほか］文献、p.72。家永は、私擬憲法の中で「自由党左派系の諸案がいちばん左に比較的少数のグループを形成しており（その内でも植木案が最左翼に位置する）、……」といっている。家永三郎『日本近代憲法思想史研究（第3刷増訂）』清水書院、1971、p.64。また松永昌三は、「要するに、枝盛の憲法案は、自由民権思想のもっとも良質の部分を反映したものであり、天賦人権の思想がもっともよく生かされたものであるといえよう」と述べている。松永昌三『中江兆民と植木枝盛：日本民主主義の原型』（Century books. 人と歴史シリーズ；日本32）清水書院、1972、p.95。

4）山室信一『憲法9条の思想水脈』（朝日選書；823）朝日新聞社、2007、p.113。また、外崎光広『植木枝盛の生涯』高知市文化振興事業団、1997、pp.107-110、古関彰一「国憲案と日本国憲法の間」『植木枝盛集月報；8』岩波書店、1991、p.1等参照。

5）第64条「日本人民ハ凡ソ無法ニ抵抗スルコトヲ得」、第70条「政府国憲ニ違背スルト

22 第Ⅰ部 研 究

キハ日本人民ハ之ニ従ハサルコトヲ得」、第71条「政府官吏圧制ヲ為ストキハ日本人
民ハ之ヲ排斥スルヲ得 政府威力ヲ以テ擅恣暴虐ヲ逞フスルトキハ日本人民ハ兵器ヲ
以テ之ニ抗スルコトヲ得」

6）第72条「政府恣ニ国憲ニ背キ擅ニ人民ノ自由権利ヲ残害シ建国ノ旨趣ヲ妨クルトキハ
日本国民ハ之ヲ覆滅シテ新政府ヲ建設スルコトヲ得」

7）例えば、色川大吉『自由民権』（岩波新書：黄版-152）岩波書店、1981、p.110は、日
本国国憲案「ほど徹底した人権規定と斬新な連邦制の規定をもったものは他にはな
い」と述べている。

8）家永三郎『植木枝盛研究』岩波書店、1960、p.312。なお、小畑隆資「植木枝盛の憲
法構想：『東洋大日本国国憲案』考」『文化共生学研究』第6号（2008.3）、pp.83-106
参照。

9）なお、植木の軍隊観や平和思想については、4）の山室文献、pp.102-115、8）の家
永文献、pp.293-300、p.314、後藤正人「植木枝盛の『無上政法論』」田畑忍編著『近
現代日本の平和思想：平和憲法の思想的源流と発展』（Minerva21世紀ライブラ
リー；5）ミネルヴァ書房、1993、pp.11-15、出原政雄『自由民権期の政治思想：人
権・地方自治・平和』法律文化社、1995、pp.258-273及び拙著『植木枝盛：研究と資
料』関東学院大学出版会、2012、pp.3-10（「植木枝盛の軍隊論」）等参照。

10）日本国憲案の内容とその詳しい起草経緯については、1）の家永［ほか］文献、
pp.72-75、8）の家永文献、pp.207-211、pp.303-324、pp.696-705、稲田正次『明治
憲法成立史. 上巻』有斐閣、1960、pp.400-425、4）の外崎文献、pp.91-106、同「植
木枝盛憲法草案と立志社憲法草案の関係」『土佐史談』161（1982.12）、pp.81-87、同
「植木枝盛の憲法草案と立志社の憲法草案」『社会科学論集（高知短期大学）』Vol.44
（1983）、pp.97-175、同『土佐の自由民権』高知市民図書館、1984、pp.140-163等参
照。

11）「立志社始末記要」植木枝盛；家永三郎［ほか］編『植木枝盛集. 第10巻』岩波書
店、1991、p.176には、次のように記されている。

此月（1881［明治14］年5月—引用者注）坂本南海男、広瀬為興、山本幸彦ヲ
委員トナシ日本憲法見込案ヲ起草セシム。昨年十月開ク所国会期成同盟会議決
中、来会ニハ各組憲法見込案ヲ持参研究ス可シトノ一条アルヲ以テスレバナリ。
後北川貞彦、植木枝盛等亦其任ニ加ハリテ之ヲ起草シ、更ニ片岡健吉、小谷正
元、谷重中、小島稔、山田平左衛門、島地正存、北川貞彦、森脇直樹、伊藤物
部、田内貞晟ノ十名ヲ以テ右起草稿審査委員トナシ、時ヲ経テ調成ス。

12）日本憲法見込案については、1）の家永［ほか］文献、pp.76-79、pp.400-407、10）
の稲田文献、pp.390-400、4）及び10）の外崎諸文献等参照。

13）「日本国憲法」は、1）の家永［ほか］文献、pp.374-385、1）の植木文献、pp.73-95
等に収められている。

14）林茂『近代日本政党史研究』みすず書房、1996、pp.128-153参照。

15) 1）の家永［ほか］文献、p.79。なお、従来は稲田説が有力であったとされる。稲田
説を支持する見解として、例えば 7）の文献、p.110参照。

16) 4）の外崎文献、pp.95-98、pp.180-196。

17) 3）の松永文献、pp.91-92。

18) 1）の文献、pp.72-75。また、4）の外崎文献、pp.103-106参照。

19) 日本国国憲案には、本文に先立って目次が付けられているが、本文と目次とでは文言
に若干の相違がみられる。ここでは本文における「編」「章」（及び「条」）を記した
が、本文と目次とが異なっている場合にはその箇所に下線を施し、目次の文言を角括
弧（［]）に入れて併記した。

20) 8）の家永文献、p.311。

21) 1）の文献 pp.388-389では、第35条が「護郷兵」の設置、第36条が「常備兵」の設置
となっているが、「編者註」によると、第35条の上欄に「下゛」、第36条の上欄に
「上」と書き入れがあるとのことであるから、本書ではこれに従って、第35条を「常
備兵」の設置、第36条を「護郷兵」の設置とした。

22) 10）の稲田文献、p.412は、「立志社案では宣戦講和の権は國會が掌握しているが、こ
の案では皇帝が有している」と述べているが、それはこのような見方に基づくもので
あろう。また、9）の出原文献、p.268は、「『第二章　皇帝ノ権限』の冒頭に掲げら
れた『第七十八条　皇帝ハ兵馬ノ大権ヲ握ル宣戦講和ノ機ヲ統ブ』という条文は、お
そらく『君主ハ、宣戦講和ノ権利ヲ掌握ス』というブルンチュリの主張を採用したの
であろう」といっている。

23) これとほぼ同様の規定が、共存同衆「私擬憲法意見」（1879［明治12］年 3 月頃）の
「皇帝」「皇帝ノ権利」「第二十五條　皇帝ハ戦ヲ宣シ和ヲ講ズ　但即時ニ之ヲ國會ニ
通知スベシ」及び嚶鳴社「嚶鳴社憲法草案」（1879［明治12］年末）の「第一篇　皇
帝」「第三欵　皇帝ノ権利」「第二十一條　皇帝ハ戦ヲ宣シ和ヲ講ズ　但即時ニ之ヲ國
會ニ通知スベシ」にみられる。1）の文献、p.188及び193。

24) 家永三郎『革命思想の先驅者：植木枝盛の人と思想』（岩波新書；青版-224）岩波書
店、1955、p.121。

25) 宣戦講和権に関する植木の見解については、9）の出原文献、p.268参照。ちなみ
に、丸山名政の憲法案（『憲法の組立』［1881（明治14）年 8 月30日］）「第四章　憲法
の組立」「第一　皇権」「三　皇帝は宣戦講和の権を有す」には、次のように書かれて
いる。1）の文献、p.398。
　　　　宣戦講和とは外國と戦争をなし和睦を爲すと云ふことなり戦争は全國人民の利害
　　　に關はるものなれば之を起すの権は國會にありてこそ然るべきに皇帝之を有する
　　　は如何にも危きことなりと云ふ人あれども決して然らず凡そ戦争をなすには第一
　　　金が入用なり而して此の金は皆人民の租税より出るものにして租税は國會の議決
　　　なしには一厘たりとも賦課するを得ず故に表向きは皇帝に此の権利を與ふとも實
　　　は人民之を握り居るなり且皇帝に此権利を與へ置かねば差支を生ずることあり戦

24 　第Ⅰ部　研　　究

争と云ふものは神速にせねばならぬものなり然るに其始めるに先ち議員を集めて
……議論などしている中には何時か外兵の爲めに進入せら、が如きことあり故
に宣戦講和の権は皇帝に與ふるを便利とす

26) 植木の天皇観については、8）の家永文献、pp.324-335参照。なお、もしもこれらの
規定の根底に、皇帝の "血筋は一般国民のそれと違って尊い" ものであるという考え
方があったとすれば、それは非科学的であるのみならず、一方で "卑しい血の存在を
認める" ものであって、到底容認できるものではないであろう（山内敏弘・古川純
『憲法の現況と展望（新版）』北樹出版、1996、p.435参照）。この点で、天皇の戦争責
任に関する福島新吾の次の見解には全く賛成できない（「感情論」を唱えているの
は、「中国の左派系の人」ではなくて、福島の方なのではないか）。福島新吾『日本の
政治指導と課題』未来社、1992、p.464。

　　一九八八年秋に訪中した時、昭和天皇の病は重く、話題になった。中国の左派
　系の人は専ら天皇の戦争責任を認めよと迫った。それに対して私は、確かに戦前
　の日本の国家体制の下では、天皇が全ての統治権を握っていたわけだから、法的
　責任は紛れもなくある。しかし責任があると認めることにどんな意味があるの
　か、近代的独立国家の元首の責任を問うことは、国内法上は免責されており、国
　際法上は特別な場合に限られる。その機会は戦後すでに終わった。今それを唱え
　ることは、感情論、あるいは倫理上の問題であって、日中国交の進展には利益は
　ないと反論したのであった。

27) 古川純「有事法制の歴史的展開：「三矢研究」から日米新ガイドライン関連法まで」
山内敏弘編『有事法制を検証する：「9.11以後」を平和憲法の視座から問い直す』法律
文化社、2002、p.85。

28) 緊急権とは、「戦時・非常事態において平時と異なる特別の権力行使を国家に与える
正当化根拠」とされる。27）の文献、p.86。この他にも、例えば大須賀明［ほか］編
『三省堂憲法辞典』三省堂、2001、p.92では、緊急権は「戦時、内乱などの緊急事態
に際して国家権力が国家体制の存立と維持のために憲法そのほかの国法を無視して緊
急措置を講ずることができる権利のこと」であって、「具体的には行政権の長が立法
権をも掌握して独裁的体制を布いたり、戒厳令を布いて人権を侵害したりすることな
どが従来なされてきた」（山内敏弘執筆）と説明されている。緊急権に関する諸問題
（軍事独裁の危険、反立憲主義等）については、林茂夫編『国家緊急権の研究』（有事
体制シリーズ：1）晩声社、1978、大江志乃夫『戒厳令』（岩波新書：黄版-37）岩波
書店、1978、小林直樹『国家緊急権：非常事態における法と政治』（法学選書）学陽
書房、1979等参照。

29) 小林直樹『憲法第九条』（岩波新書；黄版-196）岩波書店、1982、p.176。

30) 10）の稲田文献、p.421。

31) 10）の稲田文献、p.421。もっとも、日本国国憲案以外の "民権論者のつくつた草案"
にも緊急権を規定したものがないわけではない。例えば、星亨憲法草案（1886［明治

19］年末ないし1887［明治20］年初め）の「14²」参照。1）の文献、p.522。

32）10）の稲田文献、p.420。

33）現行の防衛法制では、自衛隊に対して「……首相は最高指揮監督権をもつが、米国大統領のような最高司令官の地位はもたないと解される。そこでその権限は、行政権をもつ内閣の首長が当然に有する権限をこえるものではないように考えられる。最高司令官とみるべきものはむしろ防衛庁長官（現防衛大臣―引用者注）である……」とされる。福島新吾『非武装の追求：現代政治における軍事力』サイマル出版会、1969、p.175。なお、現行の防衛法制を詳細に解説した文献として、田村重信［ほか］編著『日本の防衛法制（第2版）』内外出版、2015参照（ただし、同文献は現行の防衛体制を積極的に支持する立場から書かれたものであり、その内容にはすこぶる問題点が多い）。

34）憲法第9条第1項は、国際法上の"戦争"（形式的意味の戦争）と"武力の行使"（実質的意味の戦争）とを区別している。すなわち、国際法上の"戦争"とは「戦意が宣戦布告もしくは最後通牒という手段によって明示的に表明されるか、武力の行使を伴う外交断絶という形式で黙示的に表明されることを要件とする戦争であり、戦時法規の適用を受けるもので、……戦時法規とは、具体的には、たとえば交戦状態に入った場合に、交戦国に認められる権利……のこと」をいい、"武力の行使"とは「このような国際法上の意味における戦争ではなく、国家間における事実上の武力闘争のことを言い、……満州事変や日中戦争がその例である」とされる。芦部信喜『憲法学1』有斐閣、1992、p.256。

35）交戦権については、「A説――敵国兵力の殺傷・破壊、敵国領土の占領、そこにおける占領行政、敵国船舶の拿捕、中立国船舶の臨検など、国際法上交戦国に認められている諸権利の総体を意味するとするもの」「B説――『国の交戦権』は国家の戦争を行う権利自体を意味する、と解するもの」「C説――上記のA説とB説の両者を含むとするもの」の3説があるとされる。杉原泰雄『憲法．2』（有斐閣法学叢書；7）有斐閣、1989、pp.119-120。ちなみに、杉原は「国際法上交戦国に認められている諸権利の総体と解することは、日本語として無理がある」こと、「国際法上も『戦争に訴える権利』（……）の観念は存在していた」こと等の理由からB説を妥当とする（同文献 p.142）が、政府は制憲議会（第90回帝国議会）における審議以来、一貫してA説を採っている――後掲38）の浅野・杉原、前田・飯島及び浦田文献等参照。

36）憲法第9条の発案者については、幣原喜重郎説、マッカーサー説、幣原＝マッカーサー合作説、前段幣原・後段マッカーサー説、ケーディス＝ホイットニー説、昭和天皇説等、様々な見解が説かれているが、これに関する諸資料（幣原の著書『外交五十年』、幣原側近や友人の証言、憲法調査会長・高柳賢三に対するマッカーサーの書翰等）から判断すれば、平和主義（戦争の放棄）に関する発想そのものは幣原によるとみるのが妥当であろう。ただし、戦争の全面的放棄及び戦力の全面的不保持を憲法条文化することを決定したのは、マッカーサー（「マッカーサー・ノート」第2原則参

26 第Ⅰ部 研 究

照）であり、その意味では幣原＝マッカーサー合作説が真実に近いのではないか、と
思われる。

憲法第９条の解釈とその世界史的意義、並びに憲法の予定する平和保障方式等につい
ては、長沼事件弁護団編『長沼ミサイル基地事件訴訟記録. 第５集（判決）』北海道
平和委員会、1973が最重要文献であるが、その他、29）、34）、35）及び横田喜三郎
『戦争の放棄』國立書院、1947、星野安三郎『法と平和』（法学文献選集；10）学陽書
房、1973、佐藤功『憲法. 上（新版）』（ポケット註釈全書）有斐閣、1983、深瀬忠一
『戦争放棄と平和的生存権』岩波書店、1987、山内敏弘『平和憲法の理論』日本評論
社、1992、粕谷進『憲法第九条と自衛権（新版）』信山社、1992、樋口陽一［ほか］
『憲法. 1』（注解法律学全集；1）青林書院、1994、浦田一郎『現代の平和主義と立
憲主義』日本評論社、1995、澤野義一『非武装中立と平和保障：憲法九条の国際化に
向けて』青木書店、1997、山内敏弘・太田一男『憲法と平和主義』（現代憲法大系；
2）法律文化社、1998、芦部信喜監修；野中俊彦［ほか］編『註釈憲法. 1』有斐
閣、2000、麻生多聞『平和主義の倫理性：憲法９条解釈における倫理的契機の復権』
日本評論社、2007、深瀬忠一［ほか］編著『平和憲法の確保と新生』北海道大学出版
会、2008、浦田一郎［ほか］編『平和と憲法の現在：軍事によらない平和の探求. 明
治大学軍縮平和研究所共同研究プロジェクト』（徳馬双書；3）明治大学軍縮平和研究
所、2009、浦田一郎『自衛力論の論理と歴史：憲法解釈と憲法改正のあいだ』日本評
論社、2012、水島朝穂責任編集『立憲的ダイナミズム』（日本の安全保障；3）岩波
書店、2014、浦部法穂『憲法学教室（全訂第３版）』日本評論社、2016等参照。ちな
みに、――小林直樹によって、「これは、魂をこめて読まれるべき重大な文書だとい
わなければならない」（同『平和憲法と共生六十年：憲法第九条の総合的研究に向け
て』慈学社、2006、p.304）、「……福島判決は、同じ地裁のレベルで教育権に関する
劃期的な判断を下した杉本判決と同じく、歴史のうえに長い光茫を残すにちがいな
い」（同文献、p.318）と、最大限の賛辞を送られた――長沼ミサイル基地訴訟札幌地
裁判決（1973［昭和43］年９月７日）は自衛隊及びその関連法規について、次のよう
に結論している（前掲『長沼ミサイル基地事件訴訟記録. 第５集（判決）』、p.1351）。

　以上認定した自衛隊の編成、規模、装備、能力からすると、自衛隊は明らかに
「外敵に対する実力的な戦闘行動を目的とする人的、物的手段としての組織体」
と認められるので、軍隊であり、それゆえに陸、海、空各自衛隊は、憲法第九条
第二項によつてその保持を禁ぜられている「陸海空軍」という「戦力」に該当す
るものといわなければならない。そしてこのような各自衛隊の組織、編成、装
備、行動などを規定している防衛庁設置法（昭和二九年六月九日法律第一六四
号）、自衛隊法（同年同月同日法律第一六五号）その他これに関連する法規は、
いずれも同様に、憲法の右条項に違反し、憲法第九八条によりその効力を有しえ
ないものである。

また、憲法第９条は一切の戦争放棄と一切の戦力不保持を規定したものであると明言

していた制憲当時の政府解釈については、清水伸編著『逐条日本国憲法審議録．第2巻（増補版）』日本世論調査研究所ＰＲセンター、1976、pp.1-123参照。

37）29）、34）、35）及び36）の諸文献参照。

38）日米安保体制の法構造とその実態については、29）、34）、35）及び36）の諸文献の他、研究者懇談会編著『新安保条約』（三一新書；222）三一書房、1960、長谷川正安［ほか］編『安保体制と法』（新法学講座；第5巻）三一書房、1962、潮見俊隆［ほか］編『安保黒書』労働旬報社、1969、民科法律部会編『安保条約：その批判的検討』（『法律時報（臨時増刊）』第41巻第6号［1969.5］）日本評論社、1969、深瀬忠一・山内敏弘編『安保体制論』（文献日本国憲法；14）三省堂、1978、佐藤昌一郎『地方自治体と軍事基地』新日本出版社、1981、渡辺洋三『日米安保体制と日本国憲法』（渡辺洋三民主主義選集）労働旬報社、1991、本間浩『在日米軍地位協定』日本評論社、1996、憲法研究所・上田勝美編『平和憲法と新安保体制』法律文化社、1998、高野雄一『集団安保と自衛権』（現代国際法叢書）（高野雄一論文集；2）東信堂、1999、山内敏弘編『日米新ガイドラインと周辺事態法：いま「平和」の構築への選択を問い直す』法律文化社、1999、浦田賢治編著『沖縄米軍基地法の現在』一粒社、2000、小泉親司『日米軍事同盟史：密約と虚構の五十年』新日本出版社、2002、琉球新報社編『日米地位協定の考え方：外務省機密文書（増補版）』高文研、2004、民主主義科学者協会法律部会編『安保改定50年：軍事同盟のない世界へ』（『法律時報（増刊）』［2010.6］）日本評論社、2010、末浪靖司『対米従属の正体：9条「解釈改憲」から密約まで：米公文書館からの報告』高文研、2012、遠藤誠治責任編集『日米安保と自衛隊』（日本の安全保障；2）岩波書店、2015等参照。なお、"自衛のための武力行動"（"自衛戦争"と区別される）と"自衛のための必要最小限の実力"（自衛力［＝自衛隊］――"戦力"と区別される）の保持、並びに日米安全保障条約を合憲とする政府の憲法第9条解釈については、浅野一郎・杉原泰雄監修；浅野善治［ほか］編『憲法答弁集：1947～1999』信山社、2003、pp.41-186、前田哲男・飯島滋明編著『国会審議から防衛論を読み解く』三省堂、2003、浦田一郎編『政府の憲法九条解釈：内閣法制局資料と解説』信山社、2013等参照。

39）36）の深瀬文献、pp.150-169及び山内文献、pp.9-28等参照。ちなみに、山内文献では、1．侵略戦争（または征服戦争）を放棄し、あるいは犯罪化した条項、2．主権制限条項、3．紛争を仲裁裁判等の平和的手段によって解決する旨を定めた条項、4．国際法の一般原則の遵守または国内法への受容を定めた条項、5．永世中立宣言条項、6．戦争権限の民主的統制を定めた条項、7．非核条項、8．良心的兵役拒否権の保障条項、9．常備軍の制限あるいは廃止条項が挙げられている。

40）この点については、28）の大江及び小林文献、杉村敏正『防衛法』（法律学全集；12）有斐閣、1958、家永三郎『歴史のなかの憲法．上』東京大学出版会、1977、pp.93-103、山田朗『軍備拡張の近代史：日本軍の膨張と崩壊』（歴史文化ライブラリー；18）吉川弘文館、1997等参照。

28 　第Ⅰ部 研　究

41) 8）の家永文献、p.705。

42) 8）の家永文献、p.312。

43) 40）の杉村文献、p.55は、「徴兵制度は、……防衛勤務の本質上、防衛勤務者の基本的人権は高度に制限されるから、徴兵制度の採用は国民の基本的人権の尊重又は基本的人権尊重の思想の発展という面からみて、極めて重要な問題を含んでいる」と述べている。徴兵制の非人間性、徴兵軍隊の残虐性等については、大江志乃夫『徴兵制』（岩波新書；黄版-143）岩波書店、1981、吉田裕『徴兵制：その歴史とねらい』（学習文庫；33）学習の友社、1981等参照。また、徴兵制（自衛隊への強制徴集）の復活を企図する政財界や防衛省等の動向については、小山内宏『徴兵制：これから日本になにが起こるか』日本経営出版会、1972、林茂夫『徴兵準備はここまできている』三一書房、1973、同『高校生と自衛隊：広報・募集・徴兵作戦』高文研、1986等参照。いったい、今日、多くの国々で単なる「ムダな時間つぶし」（大江文献、p.190）であるとして、次々に廃止されているこの制度を、しかも憲法で一切の戦争と一切の戦力を放棄した日本において復活させようなどと企図すること自体（例えば、防衛省は地方自治体と連携して高校卒業予定者を対象とする事実上の"徴兵制名簿"を作成している）、世界の潮流に逆行する大問題であるといわなければならない。ちなみに、植木が徴兵制を否定し、志願制を是とした理由は、次のとおりである（『無天雑録』1884［明治17］年11月16日記——植木枝盛；家永三郎［ほか］編『植木枝盛集．第9巻』岩波書店、1991、pp.260-261）。

　　　　○徴兵ノ法ハ兵ニ適スル男子アル家ノミ兵役ヲ務メテ、他ノ家ニテハ兵役ヲ務メザルコトニ帰ス、是レソノ不可ナルーナリ。又徴兵法ハ兵ヲ好マザル者モ兵ニ入リ精且強ナル能ハズ、是レソノ不可ナルニナリ。寧ロ自由ニ志アル者ヲ募ルノ法トスルニ若シンヤ。

44) 「人間の安全保障」については、『平和研究』第27号〈特集・「人間の安全保障」論の再検討〉（2002.11）、広島大学平和科学研究センター編『人間の安全保障論の再検討』（IPSHU 研究報告シリーズ：研究報告；No.31）広島大学平和科学研究センター、2003、武者小路公秀『人間安全保障論序説：グローバル・ファシズムに抗して』国際書院、2003、岩浅昌幸・柳井彬編著『〈人間の安全保障〉の諸政策』法律文化社、2012、平和への権利国際キャンペーン・日本実行委員会編著『いまこそ知りたい平和への権利48のＱ＆Ａ：戦争のない世界・人間の安全保障を実現するために』合同出版、2014等参照。

45) 戦争や武力の行使が、人類の生存にとって、"最大悪"であることは朝鮮戦争やベトナム戦争、さらに近年のイラク戦争を持ち出すまでもなく、すでにアジア太平洋戦争におけるアメリカ軍の広島・長崎への原爆投下、東京・大阪等への無差別爆撃（大空襲）、硫黄島・沖縄戦等の殲滅戦に明瞭である。日本が明治以来、大陸及び東南アジア各国で行ってきた度重なる侵略戦争と国内における軍国主義体制の過誤に対する深甚な反省を踏まえて制定された日本国憲法（前文、第9条）が戦争を完全に放棄し、

第 1 章　日本国国憲案の防衛構想に関する考察　29

戦力を一切保持しないと規定したことによって、自衛権（個別的）までも実質的に否認するに至った点については、35）の杉原文献 pp.156-159 及び36）の山内文献 pp.121-243、浦田文献 pp.139-150 等参照。なお、今日、集団的自衛権に関する議論が日本の平和保障を巡る最大の問題となっている（もっとも、集団的自衛権［の行使］が"違憲"であることは、従来の政府見解からしても憲法学者の学説からしても、全く疑う余地はない）が、これに関する文献として、浅井基文『集団的自衛権と日本国憲法』（集英社新書：0128A）集英社、2002、豊下楢彦『集団的自衛権とは何か』（岩波新書；新赤版-1081）岩波書店、2007、浦田一郎『自衛力論の論理と歴史：憲法解釈と憲法改正のあいだ』日本評論社、2012、豊下楢彦・古関彰一『集団的自衛権と安全保障』（岩波新書；新赤版-1491）岩波書店、2014、奥平康弘・山口二郎編『集団的自衛権の何が問題か：解釈改憲批判』岩波書店、2014、纐纈厚『集団的自衛権容認の深層：平和憲法をなきものにする狙いは何か』日本評論社、2014、小林節・山中光茂『たかが一内閣の閣議決定ごときで：亡国の解釈改憲と集団的自衛権』皓星社、2014、柳澤協二『亡国の集団的自衛権』（集英社新書：0774A）集英社、2015、水島朝穂『ライブ講義徹底分析！集団的自衛権』岩波書店、2015、山内敏弘『「安全保障」法制と改憲を問う』法律文化社、2015、木村草太『集団的自衛権はなぜ違憲なのか』（犀の教室 Liberal Arts Lab）晶文社、2015 等参照。

46）私は、国民個々人の生命と人権の確保こそが、平和保障（防衛政策）の眼目であると考えるが、憲法学者が「"防衛"政策論」に立ち入って検討を試みた事例として、36）の小林文献、pp.533-598 参照。

47）軍事力の危険性については、軍事評論家の小山内宏、林茂夫、西沢優、松尾高志、前田寿夫、新原昭治、藤井治夫、前田哲男、田岡俊次等の諸文献、並びに29）の文献、33）の福島文献、36）の長沼弁護団文献及び小林文献等参照。ところで、最近、政府首脳によって国民の生命を守るために憲法第9条を改正し、自衛隊を"国軍"に格上げすると共に、米軍と一体になって集団的自衛権を行使し、世界のあらゆる地域における武力紛争に積極的に関わっていこう、いわゆる"積極的平和論"が熱心に説かれている。しかし、このような軍事政策が本当に日本にとって望ましいものなのであろうか。国民の生命を守るというのなら、戦争や武力の行使を一切しないことが一番の得策なのではないか。戦争をして、いったい何の利益があるというのか。ただ膨大な戦死者や死傷者を出すだけのことではないか（もっとも、一部の軍需産業は大儲けするかもしれないが）。そもそも、地理的・社会的・経済的条件から判断すれば、日本はとても戦争に耐えられる国ではない。だからこそ、1874（明治7）年の台湾出兵以来、日本の軍隊は大陸や東南アジアに出かけ、外征戦争を繰り返してきたのである。しかも現代は、日清・日露戦争当時とは全然違って、ミサイルの時代である。大陸や半島から発射された核ミサイルはわずか3〜4分ほどで日本に到達する。それを防ぐ手段はほとんど何もない。ましてや、どこを航行しているか分からない原子力潜水艦から発射された核ミサイル（SLBM）に対しては、もはや防禦のしようがない。仮

30 第Ⅰ部 研 究

に、自衛隊の戦力を今の数倍に強化したとしても、東京や原発、石油コンビナート等
がミサイルで集中攻撃されたら（敵のミサイルを全て迎撃ミサイルで撃ち落とすこと
など絶対に不可能である）、もはや日本は手の打ちようがなく、瞬時にして何百万人
もの国民が死亡することになろう。現在の総力戦体制の下では、死亡者の大半は軍人
ではなく、民間人である。軍隊はあくまでも戦争（及び反体制勢力の弾圧）のための
武力組織であって、国民を守るための組織ではない。国民の生命と人権を守るのはあ
くまでも平和であって、軍事力や戦争ではない。平和を望むなら、"戦争"に備える
のではなく、"平和"に備えなければならないのである。

48）36）の深瀬文献、p.441。平和的生存権（平和に生きる権利）については、36）の諸
文献及び小林武『平和的生存権の弁証』日本評論社、2006等参照。

49）山内敏弘は、「東西冷戦の終結と『対テロ戦争』がもたらした戦争の惨禍は、まさに
憲法第9条が現実的な意義をもつことを明らかにしつつある」と述べている。樋口陽
一［ほか］著『憲法判例を読みなおす（新版）』日本評論社、2011、p.30。また、こ
の点で、SUGIZO氏（ミュージシャン）の次の発言は名言であると思う。「平和とい
のちと人権を！：戦争・原発・貧困・差別を許さない5・3憲法集会」『朝日新聞』
2015（平成27）年4月26日（朝刊）。

　　　戦後70年間、一切の戦争を放棄してきた日本を誇りに思う。唯一の被爆国である
　　この国は、核廃絶を、戦争廃絶を、世界に向けてリードする義務がある。罪無き
　　一般市民が無差別に虐殺される愚行を、二度と許してはいけない。絶対に。

50）ただし、詳細な人権条項が存する一方で、これを制限・停止する条項が存している点
も看過さるべきではないであろう。日本国国憲案の人権条項に重大な問題が存してい
る点については、本書第2章参照。

51）ちなみに、4）の山室文献、p.113は、「しかしながら、枝盛が私擬憲法草案として
『日本国国憲案』……を執筆した一八八一年の段階では、戦争放棄や軍備撤廃という
事態を想定してそれを憲法条項として直接的に書くことは、『天皇の軍隊』ひいては
天皇制の否定につながる可能性もあったためか、条項としてはあげられてはいない」
と述べている。また、40）の家永文献、p.48は、「憲法構想の内には、戦争放棄を定
めたものはない。しかし、国際関係の処理は外交政策の問題であって、憲法で規定す
べき性質のものでないと考えられていたから書かれていないけれど、……」といって
いる。

52）この点について、外崎は次のように述べている。4）の外崎文献、p.100-101。

　　　枝盛の憲法草案は皇帝制を採用し「皇帝及皇族摂政」に関する三十九ヵ条を規
　　定している。これを論拠に枝盛は共和制論者ではなく、共和制を主張したことも
　　ないと主張する例があるが、これは当時の史料や政情をみない誤りである。
　　　枝盛草案は、枝盛が何ものにもとらわれることなく彼の個人的政治信条を羅列
　　したものではなく、天皇制論者も含む国会開設を求める広範な人々が参加してい
　　る国会期成同盟の憲法草案を目指して作成したものであり、しかも権力の弾圧に

対する配慮も加えた妥協の産物だったことを忘れてはならない。

53）もっとも、植木の思想に自由民権思想の極致が示され、「……時代を超え、はるかに遠く敗戦後の日本の進路を指示しているものが多く含まれている」（家永三郎編『植木枝盛選集』〔岩波文庫：33-107-1〕岩波書店、1974、p.307）ことは否定できないところであろう。家永は、8）の家永文献において、植木を「多くの矛盾と欠陥とをもちながらも、その能力を能うかぎり有効に発揮して多くの意義ある業績を日本の歴史の上に遺した重要な思想家である」（p.680）と高く「評価」すると共に、その思想の歴史的意義について、次のように述べている（pp.708-709）。

　　枝盛の思想は、このようにして日本の民主主義精神の進展の歴史の上に消すことのできない大きな地位を占めている。戦後における日本国民の政治的成長が、反動政策の嵐に堪えて日本の平和と民主主義を守りぬくことができるか、それとも「くらい谷間の時代」をふたたび現出するのやむなきにいたるか、にわかに逆睹しがたいものがあるけれど、いかなる情勢の下においても、枝盛の思想は、日本の民主主義的伝統の中でも最もかがやかしい一環として、民主主義の防衛と推進とのたたかいに対し、尽きせぬ激励を与える源泉としての意義を失うことがないであろう。そして、歴史の発展が何時の日か必ず到達しないではやまない段階に到達し、人類の理性が最後の勝利を獲得するとき、枝盛の思想は、その歴史的限界にもかかわらず、日本民族の自覚過程においてはたした一定の役割に関し、永久に朽ちることのない評価を与えられることであろう。

『植木枝盛：研究と資料』関東学院大学出版会、2012所収——ただし、本書に再録するに当たり、内容に大幅な修正を加えた。

第 2 章　日本国国憲案の人権保障に関する考察

2.1　はじめに

　自由民権派最高の理論家である植木枝盛が、1881（明治14）年の 8 月から 9 月にかけて起草した日本国国憲案[1]は、周知のように、現在、憲法学、日本史学、政治学等の諸学界において格別に高い評価を受けている。とりわけ、その人権条項については日本国憲法に匹敵する、あるいはそれをも凌ぐもの[2]であるとの評価が定着しているといってよい。例えば、植木研究の第一人者である家永三郎は、「この案の第一の特色は人権の保障を憲法の眼目とし、極めて徹底した趣旨の規定を設けていることであ」り、「これまでの諸案が、人権章典を必ずしも憲法の第一義的な要素とせず、自由主義派の構想においてすら、人権の保障に十全の配慮をおおむね欠いていたのに対し、ひとり植木案が憲法の眼目をここに求めているのは、それだけでもこの案がいかに画期的なものであるかを物語っている」[3]と述べているのである。

　しかしながら、日本国国憲案において、国民の人権が無条件的・絶対的に保障されているのかといえば、決してそうではないのである。特に、緊急権条項（「特法」）が設けられている点は、人権保障にとって看過することのできない重大な問題点であると思われる。

　そこで本章では、日本国国憲案の人権保障について、これを同案の人権条項と他の諸条項との関連において検討し、その問題点を明らかにすると共に、この点を踏まえ、従来、同保障に対してなされてきた評価の妥当性についても、再考してみることにしたい。

34　第Ⅰ部　研　　究

2.2　日本国国憲案の人権条項とその特色

　日本国国憲案の人権条項（第4編「日本国民及日本人民ノ自由権利」）
は、第40条から第74条まで35か条にわたっている。それらは、次のようなも
のである[4]。

　　第40条　日本ノ政治社会ニアル者之ヲ日本国人民トナス
　　第41条　日本ノ人民ハ自ラ好ンテ之ヲ脱スルカ及自ラ諾スルニ非サレハ
　　　　　日本人タルコトヲ削カル、コトナシ
　　第42条　日本ノ人民ハ法律上ニ於テ平等トナス
　　第43条　日本ノ人民ハ法律ノ外ニ於テ自由権利ヲ犯サレサルヘシ
　　第44条　日本ノ人民ハ生命ヲ全フシ四肢ヲ全フシ形体ヲ全フシ健康ヲ保
　　　　　チ面目ヲ保チ地上ノ物件ヲ使用スルノ権ヲ有ス
　　第45条　日本ノ人民ハ何等ノ罪アリト雖モ生命ヲ奪ハ[レ]サルヘシ
　　第46条　日本ノ人民ハ法律ノ外ニ於テ何等ノ刑罰ヲモ科セラレサルヘシ
　　　　　又タ法律ノ外ニ於テ鞠治セラレ逮捕セラレ拘留セラレ禁錮セラレ喚問
　　　　　セラル、コトナシ
　　第47条　日本人民ハ一罪ノ為メニ身体汚辱ノ刑ヲ再ヒセラル、コトナシ
　　第48条　日本人民ハ拷問ヲ加ヘラル、コトナシ
　　第49条　日本人民ハ思想ノ自由ヲ有ス
　　第50条　日本人民ハ如何ナル宗教ヲ信スルモ自由ナリ
　　第51条　日本人民ハ言語ヲ述フルノ自由権ヲ有ス
　　第52条　日本人民ハ議論ヲ演フルノ自由権ヲ有ス
　　第53条　日本人民ハ言語ヲ筆記シ版行シテ之ヲ世ニ公ケニスルノ権ヲ有
　　　　　ス
　　第54条　日本人民ハ自由ニ集会スルノ権ヲ有ス
　　第55条　日本人民ハ自由ニ結社スルノ権ヲ有ス

第2章　日本国国憲案の人権保障に関する考察　35

第56条　日本人民ハ自由ニ歩行スルノ権ヲ有ス

第57条　日本人民ハ住居ヲ犯サレサルノ権ヲ有ス

第58条　日本人民ハ何クニ住居スルモ自由トス又タ何クニ旅行スルモ自由トス

第59条　日本人民ハ何等ノ教授ヲナシ何等ノ学ヲナスモ自由トス

第60条　日本人民ハ如何ナル産業ヲ営ムモ自由トス

第61条　日本人民ハ法律ノ正序ニ拠ラスシテ屋内ヲ探検セラレ器物ヲ開視セラル、コトナシ

第62条　日本人民ハ信書ノ秘密ヲ犯^(サ)レサルヘシ

第63条　日本人民ハ日本国ヲ辞スルコト自由トナス

第64条　日本人民ハ凡ソ無法ニ抵抗スルコトヲ得

第65条　日本人民ハ諸財産ヲ自由ニスルノ権アリ

第66条　日本人民ハ何等ノ罪アリト雖モ其私有ヲ没収セラル、コトナシ

第67条　日本人民ハ正当ノ報償ナクシテ所有ヲ公用トセラルコトナシ

第68条　日本人民ハ各其名ヲ以テ政府ニ上書スルコトヲ得各其身ノ為メニ請願ヲナスノ権アリ其公立会社ニ於テハ会社ノ名ヲ以テ其書ヲ呈スルコトヲ得

第69条　日本人民ハ諸政官ニ任セラル、ノ権アリ

第70条　政府国憲ニ違背スルトキハ日本人民ハ之ニ従ハサルコトヲ得

第71条　政府官吏圧制ヲ為ストキハ日本人民ハ之ヲ排斥スルヲ得
　　　政府威力ヲ以テ擅恣暴虐ヲ逞フスルトキハ日本人民ハ兵器ヲ以テ之ニ抗スルコトヲ得

第72条　政府恣ニ国憲ニ背キ擅ニ人民ノ自由権利ヲ残害シ建国ノ旨趣ヲ妨クルトキハ日本国民ハ之ヲ覆滅シテ新政府ヲ建設スルコトヲ得

第73条　日本人民ハ兵士ノ宿泊ヲ拒絶スルヲ得

第74条　日本人民ハ法庭ニ喚問セラル、時ニ当リ詞訴ノ起ル原由ヲ聴クヲ得
　　　己レヲ訴フル本人ト対決スルヲ得己レヲ助クル証拠人及表白スルノ人

36 第Ⅰ部 研　究

ヲ得ルノ権利アリ

　このような人権条項は——歴史的な制約のために、社会権（生存権）は存
在しないが——、90を超える私擬憲法（国家構想案）の中でも、「他の構想
の思い及ばなかった」もの（例えば、抵抗権、革命権等）を多数含んでお
り、自由権の「種目の広汎なこと他に比類な」[5]いものとなっている。日本
国国憲案の人権条項と日本国憲法の"国民の権利"とを詳細に比較検討した
家永は、両者の「一致または類似」を強調する[6]一方で、「死刑の廃止」（第
45条）、「権利の侵害に対する抵抗の権利」（第64、70-72条）等については、
日本国国憲案の方が日本国憲法より「かえって……民主主義的に進んでいる
と云わなければならない」[7]と述べ、同案を「ブルジョア民主主義の極致を
行く独創的な案」[8]であるとまでいっているのである。
　確かに、第4編の人権条項（第43条を除く）だけをみれば、法律の留保な
しに、無制約的に人権が保障されていると解釈できるのであって、これに高
い評価を与えるのは当然であるということになろう。しかし問題は、人権条
項以外の諸条項及び第43条との関係を踏まえた場合にも、このように見做す
ることができるのかどうかということである。以下、この点について、少し
突っ込んで検討してみることにしよう。

2.3　緊急権条項と皇帝の権限に関する問題点

　まず第1点は、緊急権条項と皇帝の権限についてである。皇帝は、聯邦行
政府の長（第88条）であり、聯邦司法庁の長（第90条）であり、また国軍の
大元帥（第207条）である。このような地位を有する皇帝には当たり前のこ
とながら様々な特権や権限が与えられている。例えば、第86条には「皇帝ハ
国政ヲ施行スルカ為メニ必要ナル命令ヲ発スルコトヲ得」と規定されている
が、これを具体化したものの1つとして、第16編の「特法」を挙げることが
できよう。「特法」は、緊急権[9]条項であって、それは次のようなものであ

る（第214条欠）。

> 第213条　内外戦乱アル時ニ限リ其地ニ於テハ一時人身自由住居自由言
> 論出板自由集会結社自由等ノ権利ヲ行フカヲ制シ取締ノ規則ヲ立ツル
> コトアルヘシ其時機ヲ終ヘハ必ス直ニ之ヲ廃セサルヲ得ス
> 第215条　戦乱ノ為メニ已ムヲ得サルコトアレハ相当ノ償ヲ為シテ民人
> ノ私有ヲ収用シ若クハ之ヲ滅尽シ若クハ之ヲ消費スルコトアルヘシ其
> 最モ急ニシテ預メ本人ニ照会シ預メ償ヲ為スコト暇ナキトキハ後ニテ
> 其償ヲ為スヲ得
> 第216条　戦乱アルノ場合ニハ其時ニ限リ已ムヲ得サルコトノミ法律ヲ
> 置格スルコトアルヘシ

　「特法」は要するに、他国との戦争（この中には、自衛戦争はもちろん、
侵略戦争も含まれる——日本国国憲案のどこにも、侵略戦争を禁止する条文
は存しない[10]）あるいは内戦が始まったならば、皇帝の命令によって、1.
「其地」において「一時」的に人身の自由（第44−48条）、住居の自由（第57-
58条）、言論出版の自由（第51−53条）、集会結社の自由（第54−55条）"等"
が制限され、これらを取り締まるための規則も制定される——ただし、「其
時機」が終われば、必ず直ちにこれを廃止しなければならない、2.やむを
得ないことがある場合には相当の補償を行って、国民の私有地・私有物を収
用したり、これを滅尽し、または消費することが認められる——ただし、危
急を要する場合で、本人に照会している時間がない時は、事後に補償を行う
ことができる、3.やむを得ない事柄に限り、法律を「置格」（「格置」）す
ることがある、というものである。
　緊急権が、権力によって濫用され易い、極めて危険な権利[11]であることは
改めて述べるまでもないが、日本国国憲案の「特法」規定についても、次の
ような問題点が指摘されよう。
　その1は、時間（「内外戦乱アル時」「戦乱アルノ場合ニハ其時」）や地域

（「其地」）は、一応、限定されているものの、人権の制限は第213条に列挙されたものにとどまるわけではないということである。なぜなら、これら（「人身自由住居自由言論出板自由集会結社自由」）には“等”が付されているからである。つまり、緊急権の下ではあらゆる人権が制限されるということである。もとより、この中に人権保障の最後の砦である国民の抵抗権・革命権が含まれることはいうまでもない。

　したがって、もし皇帝政府の暴政に対して、国民が人権や生活の保障を求めて一斉に立ち上がり、抵抗権、さらには革命権を行使して、実力に訴えたならば、おそらく軍の統帥権者である皇帝は速やかに軍隊を動かし、民衆を弾圧することであろう。いくら条文で、「軍兵ハ国憲を護衛^(衛)スルモノトス」（第14編）と規定されていても、軍人がこれに忠実に従うかどうかは大いに疑わしい。なぜなら、軍人が忠誠の対象とするのは、あくまでも皇帝であって、国民ではないからである。国内外の敵から国民の生命と人権を守ることを任務とする軍隊が、その大元帥である皇帝の命令に従って、国民を弾圧するのであるから、これほど矛盾した話はない（もっとも、少数にすぎないかもしれないが、皇帝にあえて反旗を翻し、憲法擁護のために国民と共に戦う、いわゆる“反戦軍人”も確実に現れるであろう）。軍隊が、“治安維持”の名目で反体制派の集会やデモ等にまで武力を行使する（治安出兵）ようになれば、憲法による人権保障は粉々に砕け散ることになろう。

　その２は、戦争や内戦の終結後、元どおりに人権が回復されるかどうかである。緊急事態は、必要がなくなれば、必ず直ちに解除されなければならないとされているが、それを実行するのは皇帝である。果たして、皇帝は憲法の規定を遵守するであろうか。というのは、若干の例外を除けば、民衆とはかけ離れた特権階級として帝王教育を受けてきた皇帝が、“臣民”の人権保障にそれほどの熱意を示すとは考えられない（仮に、皇帝自身が熱意を持っていたとしても、周りの近臣たちがそれを許さないであろう）からである。また、“合憲”であるとはいえ、絶好の機会（「内外戦乱」）を捉えて（時にはそれを“作為”して）、憲法の精神・理念を破壊し、独裁体制を布いた

（民主的政党や労働組合、学者・文化人等を抑圧・排斥した）後で、わざわざ自分を拘束する憲法体制に復帰しようなどと考えるであろうか。「かりに法律の文面で、それらの条件が明示されていても」、皇帝が「"必要"と考える限り」、緊急権体制を「続けるのがふつう」[12]であるから、その解除は半永久的になされない可能性も存するとみておかねばならないであろう[13]。

その3は、「已ムヲ得サルコト」を理由として、国民の財産権が大幅に侵害される危険性が強いことである。ひとたび戦端が開かれたならば、戦争が本格的段階に至らなくても、すべての事態が「已ムヲ得サルコト」「最モ急」なこととして扱われるのは、明白である。すなわち、戦争の開始と共に（それが他国に対する侵略戦争であっても）、国民の私有地や私有物は皇帝政府によって、強制的に収用・滅尽・消費されることになるのである。しかも、危急を要し本人に照会している暇がない場合には、事後に"相当の"（それがどの程度のものなのかは、明らかではない）補償を行えばよいというわけであるから、実際には補償は"常に"事後ということになる。最悪の場合（外国との戦争に敗れたり、あるいは勝利したとしても多数の国民の生命が失われたり、また国土が甚大な損害を被ったりした場合）には、そのような補償でさえなされないおそれもあるのである。いったい、国民は政府に家や土地、財産を奪われて、戦火の中でどのように生きていけばよいというのであろうか。疑問という他はない。

そしてその4は、戦時において法律を「置格」（「格置」）することがあるとしている点である。これは、皇帝は聯邦立法院の議を経ずに憲法をはじめ、民主的な市民法の効力を停止することができるということであろう（第93条は「皇帝ハ法ノ外ニ於テ立法院ノ議ヲ拒ムヲ得ス」と規定しているが、これも棚上げされることになろう）。条文上、法律の「置格」は戦時に限定され、しかも「已ムヲ得サルコトノミ」とされているが、しかし「已ムヲ得サルコト」の具体的な内容は特定されているわけではないから、戦況が悪化すれば「已ムヲ得サルコト」も必然的に拡大していくであろう。またこれに伴って、日本国国憲案、特に「大則」（第5・6条）や人権保障、「軍兵ハ国

憲ヲ護衛^(衛)スルモノトス」といった同案の中核条項を無視した法令も、次々に制定・公布されよう（第213条）。法律の「置格」＝憲法の民主的条項の停止は、人権の侵害を決定的に深めていくに違いない。

　以上みてきたように、「特法」、すなわち緊急権条項については皇帝の命令が絶対であって、戦時・非常時下では軍の作戦・行動を迅速かつ有効ならしめるために国民の人権は制限・抑圧され、足手まといの人々は情け容赦なく切り捨てられることになる。そしてその度合いは、戦争状態が危機的なもの（あるいは内戦であれば、皇帝政府側の形勢が不利）になればなるほど強化されていくことは必至であろう。もっとも、徴兵制（義務兵役制）のように戦時・非常時にあっても禁止されている制度（第209・210条）も存するが、しかしそれとても「特法」による人権の停止に伴って、"合憲"とされる可能性もあるし、そうでなくても政府や軍部による戦争賛美の大々的な情報操作や学校における軍事教育（教練）の実施、職場での軍隊式特訓（研修）等を通じて日常から兵役の重要性を強調し、兵役適齢者を自ら軍隊に志願するように仕向けたり、勤務先が軍部に協力するよう業務命令を発したりして、実質的な徴兵制を布くことも決して不可能ではない。確かに、後者についていえば、軍隊への入隊を強制しているわけではないから、政府は徴兵制とは認めず、違憲ではないと強弁することであろう。しかし、このような状況下で、兵役を拒んだ人間が"非国民""国賊"扱いされることはあまりにも明瞭である。人権侵害の最たる制度[14]である徴兵制が導入されることになれば、それは人権の全面否定を意味することになろう。

2.4　国軍条項に関する問題点

　第2点は、国軍条項についてである。日本国国憲案は、第14編「甲^(用)兵」において、次のように規定している（ちなみに、明治前期の私擬憲法の中で、軍事に関して独立した編章を設けているのは、同案だけである）。

第206条　国家ノ兵権ハ皇帝ニ在リ

第207条　国軍ノ大元帥ハ皇帝ト定ム

第208条　国軍ノ将校ハ皇帝之ヲ撰任ス

第209条　常備兵ハ法則ニ従ヒ皇帝ヨリ民衆中ニ募リテ之ニ応スルモノ
　　　　ヲ用ユ

第210条　常備軍ヲ監督スルハ皇帝ニ在リ

　　　非常ノコトアルニ際シテハ皇帝ハ常備軍ノ外ニ於テ軍兵ヲ募リ志願ニ
　　　随フテ之レヲ用フルヲ得

第211条　他国ノ兵ハ立法院ノ議ヲ経ルニ非ラサレハ雇使スルヲ得ス

本編初条ニ
置ク見込ミ軍兵ハ国憲ヲ護衛^{（衛）}スルモノトス

　このような皇帝の統帥権を規定した国軍条項が、非武装中立（無軍備・非
同盟中立）[15]を謳った日本国憲法の前文及び第9条[16]と発想を全く異にして
いることは明らかである[17]が、問題は軍隊や戦争（武力の行使）によって国
民の生命や人権が確保されるのかどうかである。

　いうまでもなく、目的が何であれ（"自衛"のためであれ、"制裁"のため
であれ）、戦争になれば否応なく国民は戦闘の渦中に巻き込まれ、多数の
人々がその犠牲になる。いくら、「軍兵ハ国憲ヲ護衛^{（衛）}スルモノトス」とい
う条項があるからといって、これで国民の生命や人権が確保されることには
ならないのである。なぜなら、軍隊はどこまでも、"市民の論理""平和の論
理"とは相容れない"軍事の論理""戦争の論理"によって行動する実力部
隊（組織的暴力集団）だからである。軍隊では、「『戦いに勝つこと』、『負け
ないこと』という目的が最優先」[18]され、"軍事合理性"が追求される。そこ
に"市民の論理"や"平和の論理"が立ち入る余地はなく、国民の人権は無
視される。作戦遂行のためともなれば、軍隊は平然と「自国の住民」をも
「轢っ殺してゆ」[19]くのである。

　日本国国憲案も、軍の存在と"軍事の論理""戦争の論理"を承認してい

たからこそ、第14編に「甲^(用)兵」（第206－211条）の規定を設けたのであっ
て、これによって内外の戦争に対処しようとしたのである。この点に関連し
て注目されるのが、第215条である。同条には戦時における国民の私有地・
私有物に対する補償が規定されているが、その一方で戦争や内戦で死傷した
人々に対する賠償については何も規定されていない。これは、国家の存亡を
かけた戦争、内戦なのであるから、国民は政府や軍部に協力し、その命令に
従って行動すべきであり、戦闘によって負傷したり、死亡したりしたからと
いって、政府はそれらの人々や遺族に対し、一々、賠償する責任はないとい
うことであろうか。もしそうだとすれば、死傷者に対する規定の欠如は、日
本国国憲案が大原則としている人権尊重主義を、同案自らが否定するもので
あったといわなければならないであろう。

　元々、日本国国憲案の第5条「日本ノ国家ハ日本各人ノ自由権利ヲ殺減ス
ル規則ヲ作リテ之ヲ行フヲ得ス」の本旨は、国の主権者は国民であり、国家
は国民の生活や安全を保障する責務を有しているということを明確にしたも
のであったはずである。だとすれば、同条の精神を活かし、国民の人権を徹
底的に保障するためには、戦争という戦争は——“自衛”及び“制裁”のそ
れをも含めて——、全面的かつ永久に放棄されなければならないし、そのた
めの手段である軍備も全廃されなければならないであろう。なぜなら、戦争
を予定し、軍事力を保持することはそれ自体、様々な人権侵害（基地問題
——軍用機の騒音被害・墜落事故、軍人による暴行・殺傷事件、軍事演習に
よる各種被害、自然破壊等）を生起せしめ、また軍事大国、軍国主義の危険
性（人権・文化抑圧、軍事費増大、軍拡・軍備競争、軍産複合体、軍事クー
デタ等）を増大せしめることになるからである。

　そもそも、軍隊はアジア太平洋戦争末期の沖縄戦（“皇軍”）にみられたよ
うに、国民の生命や財産を保護するものなどでは決してなく、——それどこ
ろか、「住民を砲煙弾雨の中に追い出して、軍人たちで安全な洞窟等を占拠
し、ところによっては“足手まとい”の住民に自決を強要したり、敵軍に捕
われた者をスパイ扱いにして殺」[20]すような——残虐で非人間的な暴力組織

第2章　日本国国憲案の人権保障に関する考察　43

である。軍隊が守ろうとするものは、国家、すなわちその時々の政治体制[21]であって、そこでは「国民は守られるべき対象ではなく、軍の目的に奉仕すべき手段」[22]にすぎない。権力によって、“敵”とされた外国（軍）や反体制武装組織と戦闘し、それを撃滅することを唯一の目標として、ひたすら破壊と殺戮のための訓練に勤しむ軍人たちに確たる人権尊重の精神が存在するわけがないのである（ただし、一部の“反戦軍人”を除く）。

　そして、自衛隊法で「……、我が国の平和と独立を守り、国の安全を保つため、直接侵略及び間接侵略に対し我が国を防衛することを主たる任務とし、必要に応じ、公共の秩序の維持に当たるものとする」（第3条第1項）と規定され、政府によって国家固有の自衛権[23]に基づく“自衛力”（=“自衛のための必要最小限度の実力”）であって、“戦力”（=軍隊）ではないと弁明されている——「しかし、国際法上は軍隊だと解釈されている」[24]——自衛隊[25]にも、このことはそのまま妥当する。なぜなら、自衛隊（陸上幕僚監部）の幹部自身が「我々の任務は国家を守ることだ。……自衛隊は国民を守るためにある、と考えるのは間違っている」[26]と明言しているからである。日米安保体制（日米軍事同盟）[27]の下で、世界の五指に入る強大な軍事力[28]を有し、仮想敵国との戦争に“勝利”することを目指して、日々、戦闘訓練に励んでいる自衛隊（自衛官）の実態は、多くの国民が抱いているようなシビリアンコントロール（文民統制）で厳しく統制された民主的な専守防衛（及び治安維持[29]、災害派遣[30]、国際平和協力[31]）部隊などでは決してなく——徴兵制（自衛隊への強制徴集）が禁じられ、軍法会議（「特別裁判所」）を設けることができない（日本国憲法第76条第2項）点等を除けば——、戦前の帝国軍隊や諸外国の軍隊と何ら変わらない“通常”の軍隊（国軍、軍備、兵備）[32], [33]であるとみなければならない。

　なお、日本国国憲案には第14編の他にも、日本各州の常備兵（第35条）及び護郷兵（第36条）に関する規定が存するから、皇軍とは違って彼らは民衆のために戦うはずだという希望的な観測もあるかもしれない。しかし、政府と市民組織との間に内戦が勃発した際に常備兵や護郷兵がどこまで民衆の側

に立って戦うかといえば、それはほとんど期待できないであろう。そのような行為は、皇帝及びその政府に対する公然たる反逆として、極刑に処せられることになるからである。仮に、いくつかの州の常備兵と護郷兵が連合して、民衆を守るために我が身を捨てて政府軍と戦闘したとしても、圧倒的な軍事力を持つ政府軍に勝つ見込みはないし、かえって犠牲を大きくするだけである。彼らに対する過剰な期待は、禁物であろう。

　破壊と殺戮を本務とする軍隊（軍人）の存在は、平和な国際社会の維持・発展と諸国民の生命・人権の保障にとって、極めて重大な障害物である。このような非人間的かつ反民主的な組織は、一刻も早く世界から駆逐されるべきであろう。現在の国際社会において強く希求されているのは、軍事力による安全の保障ではなく、「全世界の国民が、ひとしく恐怖と欠乏から免かれ、平和のうちに生存する権利を有することを確認すること」[34]（日本国憲法前文第2項）であり、また「人間の安全保障」[35]であるといわなければならない。この点で、内村鑑三の次の指摘は、正鵠を射たものであるといえよう[36]。

　　　然れども戦争廃止、世界の平和は如何にして来る乎と云ふに、其れは人に由ては来らないと信ずるのである、余は勿論、武は戈を止むる者なりとの軍人の套語を信じない、武は戈を止むる者ではない、其反対に戈を作す者である、戦争が戦争を止めた例は一ツもない、戦争は戦争を生む、戦争を廃めない間は戦争は止まない、世に迷想多しと雖も軍備は平和の保障であると云ふが如き大なる迷想はない、軍備は平和を保障しない、戦争を保証する、世界の平和を軍人に待つは之を悪魔に待つ丈けそれ丈け難くある。

　また、“反骨の軍人”元海軍大佐・水野広徳も、次のように述べている[37]。

　　　職業は趣味を生じ、趣味は愛着を生ず、靴屋は人の足を見て歩き、理

髪屋は人の頭を見て歩く。軍人の職業は戦争である。縦令今の軍人は轡の音に目を覚ます程に軍事に鋭敏ならずとも既に職業である以上彼等が戦争に趣味を有し、戦争を好愛するは人間の自然である。殊に戦争は軍人が平素学びたるところを実地に試験し平素憧る勲章を飾るに唯一の機会である。軍人は其の職任に忠実なれば忠実なる程戦争を好愛する。恰かも熱心なる解剖学者が運ばれたる屍体を見て喜ぶと同一心理である。故に軍人の好戦心を悪むは正に火薬の爆発性を悪むと同一の愚である。火薬は爆発性を有するが如く製、造せられ、而して爆発性を有するが故に尊いのである。軍人は戦争を好むが如く教育せられて居る。故に好戦心なき軍人は爆発性なき火薬と同様軍人として価値なきものである。

　火薬は爆発の危険あるが故に之を火気の無き場所に貯蔵せねばならぬ。軍人は好戦の危険あるが故に之を政治の外に隔離せねばならぬ。軍人に政権を与ふるは恰も火鉢の傍に火薬を置くと同様に危険である。軍人は戦争を好むが故に動もすれば総ての国家機関を戦争の目的に供せんとする。之が即ち戦前の独逸式軍国主義である。西比利亜出兵などの愚挙は軍人宰相にあらざれば為し能はざる処である。

　今日からみれば、日本国国憲案に大きな歴史的限界があったことは否めない事実である。しかし、そのことを十分に考慮したとしても、第５条及び第４編の諸条項を規定どおりに運用するためには、人類の生存にとって最大の脅威となっている戦争の廃絶と、その手段である軍備の全廃が不可欠——それこそが、「歴史の発展の方向」[38]——であって、それゆえにやはり同案には——日本国憲法第９条と同様に——、一切の戦争放棄＝一切の戦力不保持規定が設けられてしかるべきであった[39]と思われるのである。

2.5　第43条及び総則規定に関する問題点

　そして第３点は、第43条及び総則規定（第１編「国家ノ大則及権利」——

特に、第 5・6 条）についてである。まず、第43条からみてみよう。家永は、第 4 編と第43条との関係について、次のように述べている[40]。

> 「憲法」では、第四編に三十五条にわたって精細に「日本人民ノ自由権利」を規定している（……国民と人民とを概念的に区別しているようにもとれるが、……編名は別として、条文はすべて「日本人民」の称呼で統一されていたものと考えてよかろう）。その総則である「日本ノ人民ハ法律ノ外ニ於テ自由権利ヲ犯サレザルベシ」という第四十三条の規定をみると、法律による自由権の制限を許しているようにも見えるが、第一編第二章「国家ノ権限」に
>
> 　　第五条　日本ノ国家ハ日本各人ノ自由権利ヲ殺減スル規則ヲ作リテ之ヲ行フヲ得ス
>
> 　　第六条　日本ノ国家ハ日本国民各自ノ私事ニ干渉スルコトヲ施スヲ得ス
>
> という絶対条件が設定されていて、立法自体がこれにより制約されているわけであるから、第四編に保障された自由権は、法律によっても制限することのできないものと解すべきである。

なるほど、第 4 編をそのように解釈することも不可能ではないが、しかし現実には第43条は権力にとって、大変都合のよいものとなるであろう。なぜなら、一方で「法の支配」を強調しながら、他方で意図的に条文の解釈を歪曲し、自らに有利な法の運用を行おうとするのが権力の常套手段だからである。

　したがって、第 4 編において第40－42条と共に、総則的位置を占める第43条が、“法律による自由権の制限を許しているようにも見える”規定であれば、政府はこれを利用して人権条項全体を“法律による自由権の制限を許している”と解し、平時から人権を公然と制限・抑圧する（これによって、第 5 条及び第 6 条〔「日本ノ国家ハ日本国民各自ノ私事ニ干渉スルコトヲ施ス

ヲ得ス」」も、その規範意味を喪失する）であろう。そして、もしもこれに
不満を抱いた国民が自分たちの生活と人権の保障を求めて立ち上がり、広汎
な大衆運動を展開したならば、皇帝政府はそれを“暴動”と見做して、軍部
の力で弾圧することになろう。日本国国憲案が、第43条（“法律による自由
権の制限を許しているようにも見える”条文）を設けたのは、同案の重大な
誤りであったとしなければならない。

　また、第1編の総則規定についても、同様の問題点が指摘されよう。とい
うのは、せっかく第5条と第6条で国家の権限を厳しく規制しておきなが
ら、「特法」でこれを根底から転覆せしめる条項を設け、いとも簡単に国家
＝皇帝＝政府による人権侵害を容認してしまっているからである。何のため
の総則規定なのか、疑問を持たざるを得ない。ここには、国民の人権保障に
多大な配慮を払いつつ、皇帝の立場をもできるだけ強力に保障していこうと
する、日本国国憲案の矛盾した性格をみて取ることができよう。すなわち日
本国国憲案は、皇帝＝政府からの人権の保障と皇帝＝政府による人権の制
限・抑圧とを共に承認しているのであって、決して国民の人権保障だけを
“憲法の眼目”としているのではなく、人権を抑圧する皇帝の強大な権限
（議会によって、様々の制約が加えられているとはいえ）をも“憲法の眼目”
としているのである。というよりもむしろ、国軍条項や緊急権条項の存在か
らすれば、後者の方により重きがあると捉えなければならないであろう。小
畑隆資も、次のように述べているのである[41]。

　　それゆえ、枝盛にとって「憲法」といっても、「君」＝「天皇」＝「行
　　政府」あるいは立法府がみずからそれを守るという保障は何もない。あ
　　るとすればそれは、人民みずからの「団結」＝「結合」の核としての
　　「州」およびその武力＝「常備兵」「護郷兵」であり、憲法擁護の有志の
　　結集体である「国軍」であった。それゆえ、「国憲案」には、「政府官吏
　　圧制」規定や、「内乱」も想定した「特法」規定が設けられるという、
　　他の憲法草案には見られない特徴をもったものとなったのである。「憲

法」で法的秩序が形成されながらも、その基底はいわば「官」と「民」の戦争状態として認識されているのである。枝盛にとって、「国憲案」はいわば「休戦条約」のようなものであったのかも知れない。

　日本国国憲案がこのようなものであるとすれば、同案はその全体が、つまり日本国国憲案自体が、国民の人権を「侵すことのできない永久の権利として」（第11、97条）最大限に"尊重"し、天皇の権限を極力抑えた（＝象徴天皇制）日本国憲法とは全く違った思想・原理によって立っているとみなければならないであろう。例えば、聯邦行政府の長が皇帝（実質的には天皇）ではなく、日本国憲法のように普通選挙によって選ばれた議員から成る国会（議会）で選出される仕組み（＝議院内閣制）、もしくは国民から直接選出される方式（＝大統領制）になっていたならば、どうであったであろうか。その場合、おそらく日本国国憲案の人権保障は、"法律によっても制限することのできない"絶対的なものになっていた（また国民主権も、確固たるものになっていた）のではないか。日本国国憲案の致命的な欠陥は、まさにこの点に存していたといっていいのである。

　いったい、国民の人権保障を徹底するためには——戦争の放棄＝軍備の撤廃と並んで——、これを制限・弾圧する皇帝の権限を最大限に抑制する（議会［国会］の権限強化、皇帝の「象徴」化［＝日本国憲法と同様、もっぱら国家的儀礼のみを司る］等）か、あるいは皇帝（制）そのものを廃止する（共和制［＝大統領制］の採用）ことが必須条件であったのではないか。最大の特権階級である（しかも、その「位」は「正統子孫」に世襲される［第97条]）皇帝に——とりわけ戦時において、その独裁体制を可能とするような——巨大な権限を与えておきながら、同時に国民の人権をも無条件的・全面的に保障することなど、本来できるはずがなかったのである。

2.6　むすび――従来の評価の妥当性について

　結局のところ、日本国国憲案における人権保障はこれを制限・抑圧する皇帝の権限（軍事大権、緊急権等）との関係において把握されなければならないのであって、第4編の人権条項のみを取り上げて、そこから同案は "人権の保障を憲法の眼目とし、極めて徹底した趣旨の規定を設けている" "画期的な" 憲法案であるといった評価を下すことはとても妥当であるとは思われない。むしろ、皇帝の持つ巨大な権限を考慮した場合には、日本国国憲案は人権の保障にとって、危険な憲法案であるとすらいい得るのである[42]。

　確かに、日本国国憲案は刮目すべき条項を多数含んでおり（例えば、第1編の「国家ノ権限」条項、第2編の連邦制条項、第4編の人権条項［特に第64、70‐71条の抵抗権条項、第72条の革命権条項］、第14編の志願兵制［徴兵制禁止］条項等）、明治前期に起草された私擬憲法の中では最も独創的なものである。しかしながら、これまで考察してきたところから明らかなように、日本国国憲案の人権保障は決して無制約的・絶対的なものではなく、それどころか人権そのものを崩壊せしめるおそれさえ包含しているのであって、従来、同保障に対してなされてきた最大級の評価は、今日、抜本的に改められてしかるべきであると思われるのである[43]。

【注】

1 ）家永三郎［ほか］編『新編明治前期の憲法構想』福村出版、2005、p.385によれば、日本国国憲案の起草月日は「8月28日以降9月19日以前」とされる。
2 ）家永三郎『歴史のなかの憲法. 上』東京大学出版会、1977、p.47等参照。
3 ）1 ）の文献、p.72。
4 ）本書第1章の注1 ）参照。なお、本章でも、日本国国憲案の条文はすべて1 ）の文献から引用した。
5 ）1 ）の文献、p.73。
6 ）家永三郎『植木枝盛研究』岩波書店、1960、pp.697-698、703。
7 ）6 ）の文献、p.705。

8）1）の文献、p.72。

9）緊急権とは、「戦時、内乱などの緊急事態に際して国家権力が国家体制の存立と維持のために憲法そのほかの国法を無視して緊急措置を講ずることができる権利のこと」（山内敏弘執筆）であるとされる。大須賀明［ほか］編『三省堂憲法辞典』三省堂、2001、p.92。緊急権の歴史や理論的問題を扱った重要文献として、小林直樹『国家緊急権：非常事態における法と政治』（法学選書）学陽書房、1979参照。

10）もっとも、起草者である植木の思想からすれば、彼が侵略戦争まで認めていたとはとても考えられない（自衛戦争ですら、外国軍の攻撃から国民を保護するためのやむを得ない例外的承認であったとみられる――拙著『植木枝盛：研究と資料』関東学院大学出版会、2012、pp.3-10［「植木枝盛の軍隊論」］参照）。しかし、明文で禁止されていない以上、実際には――自衛戦争という名の――侵略戦争も、"合憲"と解釈されることになろう。日本国国憲案第78条の「皇帝ハ……他国ノ独立ヲ認ムルト認メサルトヲ決ス」という植民地支配（侵略・占領）を容認するかのような条文は、同案が自衛戦争のことだけを想定していたとすれば、決して設けられることはなかったと思われる。

11）民権左派が起草した最も民主的・急進的な憲法案とされる日本国国憲案（家永三郎『日本近代憲法思想史研究（第3刷増訂）』清水書院、1971、p.64等参照）が、なぜこのような緊急権条項（「特法」）を設けたのか、「一寸諒解に苦しむ」（稲田正次『明治憲法成立史　上巻』有斐閣、1960、p.420）ところである。

12）小林直樹『憲法第九条』（岩波新書：黄版-196）岩波書店、1982、p.176。

13）なお、これに関連して、岡本篤尚は次のように述べている。同「≪軍事的公共性≫と基本的人権の制約：『政府解釈』を中心として」山内敏弘編『有事法制を検証する：「9・11以後」を平和憲法の視座から問い直す』法律文化社、2002、pp.146-147。

　　　　第二次世界大戦末期に始まった「冷戦」は、「戦時」と「平時」の間の境界線を曖昧かつ漠然としたものとし、両者は「戦時」でも「平時」でもないグレーゾーンとしての「準戦時」によって覆われることになった。復帰すべき「平時」が判然としない以上、「戦時」における基本的人権の制限が解除されることもない。
　　　　……「対テロ戦争」は、兵士だけでなく、銀行員、コンピュータ・プログラマー、ホテル従業員、主婦などあらゆる市民を「戦闘員」として動員すると同時に「潜在的な敵」とみなし、銃弾飛び交う前線だけでなく、職場や家庭などのあらゆる日常生活空間を「戦場」として二四時間休みなく戦われる、終わりなき「永久戦争」である。ひとたび「対テロ戦争」に参加するや、二度と復帰すべき「平時」はやってこない。なぜなら、「平時」は「戦時」であり、「戦時」は「平時」なのだから。そして、「対テロ戦争」の遂行を名目とした国民の基本的人権の制限も「永久」に続くことになる。

14）杉村敏正『防衛法』（法律学全集：12）有斐閣、1958、p.55参照。

第2章　日本国国憲案の人権保障に関する考察　　51

15) 非武装中立については、毎日新聞社編『"社会党政権"下の安全保障』（国会方式・70
年への質問戦）毎日新聞社、1969、高沢寅男編著『今こそ非武装・中立を』十月社、
1980、藤井治夫『なぜ非武装中立か：これが平和と安全のきめ手だ』（すくらむ文
庫：No.13）すくらむ社、1982、石橋政嗣；大塚英志解説『非武装中立論』明石書
店、2006等参照。なお、非武装中立を主張する人々の多くは、万が一、他国から侵略
があった場合には、非暴力あるいは市民的不服従で抵抗すると答えるようであるが、
果たしてそれらは有効な方法といえるのであろうか、疑問である。もとより、非暴力
抵抗を全面的に批判するつもりはないが、しかし前もってこちらの手のうちをさらけ
出してしまったのでは、敵も当然、対抗策を練ってくるから、結局、相手を利するこ
とになるのではないか。いったい、防衛政策は比較の問題だとされる。どのような防
衛政策をとっても100%安全ということはないので、他の政策と比較してより良い方
式を採用する他ないというわけである。しかし、非武装中立を採用する以上、軍事的
防衛はもちろん、非暴力抵抗といった方式も考える必要はないであろう。なぜなら、
非武装中立国を侵略するような国はどこにもない（特に、帝国主義的な侵略の第一の
欲望対象となった天然資源は日本にはほとんどないし［それどころか、国民を支える
食料やエネルギーもない］、侵略国は無軍備の国を攻撃・占領したという国際的な非
難や国際連合による経済的・軍事的制裁を受けるだけでなく、"自由"と"飽食"に
慣れきった1億2千万の国民を支配することの困難さを知って、軍隊を撤退せざるを
得なくなる）とみるのが、現代国際社会の正しい認識であると思われるからである。

16) 憲法第9条の解釈学説を詳細に整理・分析した文献として、杉原泰雄『憲法. 2』
（有斐閣法学叢書；7）有斐閣、1989、pp.93-159参照。なお、杉原は同文献におい
て、第9条の解釈を9つの「類型」、すなわち「①　一項全面的放棄説＝二項全面的
放棄説Ⅰ──自衛隊、駐留米軍の両者の違憲を帰結する」「②　一項全面的放棄説＝
二項全面的放棄説Ⅱ──自衛隊の違憲を帰結するが、駐留米軍はただちには違憲とは
しない」「③　一項部分的放棄説＝二項部分的放棄説──自衛隊、駐留米軍の両者を
合憲とする」「④　一項部分的放棄説＝二項全面的放棄説（A）──自衛隊、駐留米
軍の両者を違憲とする」「⑤　一項部分的放棄説＝二項全面的放棄説（B）──自衛
隊を違憲とするが、駐留米軍はただちには違憲としない」「⑥　一項部分的放棄説＝
二項全面的放棄説（C）──これによれば、自衛隊は『戦力』とならないことを条件
として合憲となり、駐留米軍もただちには違憲とされない」「⑦　九条政治宣言説
──自衛隊、駐留米軍のいずれについても、違憲無効の問題は生じないとする立場で
ある」「⑧　九条政治規範説──これによれば、自衛隊、駐留米軍のいずれもが、裁
判所において九条との関係で違憲とされることはなくなる」「⑨　九条変遷説──自
衛隊も、駐留米軍も一応は合憲とされる」に区分しているが、これらの中で多数説を
形成し、「もっとも自然であり、無理がないもの」は④説である（pp.128-129）、と述
べている。自衛隊を違憲と判定した画期的な判決である1973（昭和48）年9月7日の
長沼ナイキ基地訴訟札幌地裁判決も、④説であった（「したがつて、本条項［第1項

を指す－引用者注〕では、未だ自衛戦争、制裁戦争までは放棄していない」「このように して、本項〔第2項を指す－引用者注〕でいっさいの『戦力』を保持しないとされる以上、軍隊、その他の戦力による自衛戦争、制裁戦争も、事実上おこなうことが不可能となつたものである」──長沼事件弁護団編『長沼ミサイル基地事件訴訟記録第5集（判決）』北海道平和委員会、1973、p.1319）。政府も、憲法制定当初は④説を採っていたが、現在では⑥説（実質的には③説）に移行している（政府見解の変遷については、後掲25）の諸文献参照）。ちなみに、①説及び④説によれば、日米安全保障条約、日米地位協定、防衛省設置法、自衛隊法、国家安全保障会議設置法、武力攻撃事態法、重要影響事態法、米軍等行動関連措置法、PKO協力法、船舶検査活動法、国際平和支援法、特定秘密保護法等の防衛（軍事）関連法令は、いずれも違憲無効となり、日米安保体制（自衛隊＋駐留米軍）の解体（解消）が目指されることになろう。この点については、急激な現状変更は避けるべきであり（自衛隊によるクーデタの防止）、自衛官（自衛隊員）を含む国民的コンセンサスを十全に得た上で、段階を踏んで（数年から10数年かけて）駐留米軍の縮小・撤廃、自衛隊の戦闘兵器の削減・撤廃、海外派兵・治安出兵の禁止、シビリアンコントロール（文民統制）の徹底、防衛省の民主的改革、自衛隊員の転職の斡旋等に努めなければならないが、この問題に取り組んだ事例として、15）の石橋文献、水島朝穂「自衛隊の平和憲法的解編構想」深瀬忠一［ほか］編『恒久世界平和のために：日本国憲法からの提言』勁草書房、pp.589-617、隅野隆徳「日米安保体制の構造転換と非軍事化」同文献、pp.513-552、水島朝穂「平和政策への視座転換：自衛隊の平和憲法的『解編』に向けて」深瀬忠一［ほか］編著『平和憲法の確保と新生』北海道大学出版会、2008、pp.275-301等参照。

憲法第9条の解釈に関する私見を述べれば、以下のとおりである（基本的には、上記①説を支持する）。すなわち、第1項で「日本国民」（＝"主権者たる国民"）は「正義と秩序を基調とする国際平和を誠実に希求し（戦争放棄の動機ないし目的）、自衛・制裁を含む一切の「戦争」（＝国際法上の戦争＝形式的意味の戦争）並びに「武力の行使」（＝実質的意味の戦争）及び「武力による威嚇」（「自国の要求を容れなければ武力を行使するとの態度を示すことで、相手国をおどかすこと」芦部信喜監修『注釈憲法．第1巻』有斐閣、2000、p.399）を永久に放棄し（「国際紛争を解決する手段としては」という文言が少々気になるところであるが、しかし自衛のための「戦争」や自衛のための「武力の行使」はあったとしても、自衛のための「武力による威嚇」という観念はあり得ないし、また戦争はたとえ自衛戦争であっても、広い意味では「国際紛争を解決する手段」であるから、戦争という戦争はすべて第1項で放棄されると解するのが妥当である）、そして第2項で、第1項の目的（＝"主権者たる国民"は国際平和を誠実に希求し、戦争や武力の行使等を永久に放棄する）を達成するために、「陸海空軍その他の戦力」（＝武力、軍隊、軍備、兵備）を一切保持せず（したがって、「外国からの不法な武力攻撃から国の法益を守るために緊急やむをえない

場合、それを排撃する権利」〔田畑茂二郎『国際法講義. 下（新版）』有信堂、1984、p.192〕である自衛権も当然、否認される——ゆえに、政府のいう国家固有の自衛権＝"自衛力"＝自衛隊が成り立たない以上、自衛隊は「陸海空軍その他の戦力」に該当し、違憲である）、交戦権（＝国際法上、交戦国に認められている諸権利の総体〔「国家の戦争を行う権利」という学説もあるが、しかし現代国際法でこのような権利が認められているとは思われない〕）を無条件で否認していると解する。戦争や武力の行使等を完全に放棄するためには、戦力の保持は絶対に認められない（戦力はその使い方次第で、"自衛のための戦力"にも"侵略のための戦力"にもなるのであって、これをあらかじめ自衛用と侵略用に区別することは不可能である——結局、戦力を認めるということは"侵略のための戦力"をも認めることになる）し、交戦権、すなわち敵の兵力を攻撃・殺傷する権利、防守地域及び軍事目標を攻撃・破壊する権利、敵国領土に侵入し占領する権利、敵国との海底電線を遮断する権利、海上の敵船・敵貨を拿捕没収する権利、敵地を封鎖し中立国の敵国に対する海上通商を遮断し処罰する権利、海上における中立国の敵に対する人的物的援助を遮断し処罰する権利、敵国の居留民及び外交使節の行動に制限を加える権利、自国内の敵国民財産を管理する権利、敵国との条約を破棄し、あるいはその履行を停止する権利等（深瀬忠一『戦争放棄と平和的生存権』岩波書店、1987、pp.211-212）も、否定されなければならないからである。すなわち、憲法第9条の精神はあくまでも非軍事的な手段で国際紛争を解決することであって、国内にいかなる軍事力をも置かないことであるから、自衛隊はもとより、日本をアメリカの戦争に巻き込む蓋然性の高い駐留米軍も違憲である。なお、近年、政界や学界の一部に"抑止力"という概念を用いて軍備増強の正当性を説く見解がみられるが、しかしこの概念自体が第1項の禁止する「武力による威嚇」に該当し違憲であるから、このような見解には何らの正当性も見出すことはできない。そもそも、こちらが軍備を強化すれば、相手も当然、軍備を強化するから軍備競争は果てしなく続き、いつまで経っても真の"安心感"は得られないことになる。"抑止力"論は国際緊張を激化させ、戦争の勃発を誘引する極めて危険な議論であるといわねばならない。

憲法第9条は以上のように諸国の憲法に類例をみない、非戦・非武装を規定した、まさに"世界史的意義"を有する条項である。それゆえに、第9条は第1・2項共に憲法改正手続きを以てしても、これを改正することができない改正不可能条項であると解する。ただし、平和的生存権（平和に生きる権利）については、裁判規範性を有さない理念的権利であると考える（もっとも、「理念的権利だというと、理念だから奉っておけばそれでよいと考えられがちだが、それは間違っている。理念だからこそ、あらゆる場面・問題について、この理念を実現する方向での処理・解決がはかられなくてはならない」〔浦部法穂『憲法学教室（全訂第2版）』日本評論社、2006、p.401〕という点を見落としてはならない）。なぜなら、平和的生存権は直接には憲法前文（第2段）に述べられているものであるが、憲法に前文と本文が存するからには

前文には前文なりの、本文には本文なりの法的性格があるとみるのが適切である（前文は本文とは違って、もっぱら憲法制定の由来、動機、目的や基本原理等を述べたもので、憲法学では裁判規範性否認説が有力である）し、また例えば平和的生存権の具体的事例の１つとされる徴兵制禁止の根拠としては、この権利を持ち出すまでもなく、第９条、第13条（幸福追求権）及び第18条（「意に反する苦役」からの自由）を挙げれば十分だからである。平和的生存権を"新しい人権"として承認するためには、まだまだ解決すべき課題が多いように思われる。

17) 日本国国憲案の防衛構想に関する問題点については、本書第１章（特に、1.5及び1.6）参照。

18) 糠塚康江・浅野俊哉編著『創造する〈平和〉：共同性への模索と試み』関東学院大学出版会、2008、p.3。

19) 司馬遼太郎「那覇・糸満－ホテルの食堂」『街道をゆく. 6（新装版）』（朝日文庫）朝日新聞社、2008、p.41。また司馬は、同文献（pp.40-42）の中で、次のように述べている。

> そのころ、私には素人くさい疑問があった。……軍隊は住民を守るためにあるのではないか。
>
> しかし、その後、自分の考えが誤りであることに気づいた。軍隊というものは本来、つまり本質としても機能としても、自国の住民を守るものではない、ということである。軍隊は軍隊そのものを守る。この軍隊の本質と摂理というものは、古今東西の軍隊を通じ、ほとんど稀有の例外をのぞいてはすべての軍隊に通じるように思える。
>
> 軍隊が守ろうとするのは抽象的な国家もしくはキリスト教のためといったより崇高なものであって、具体的な国民ではない。たとえ国民のためという名目を使用してもそれは抽象化された国民で、崇高目的が抽象的でなければ軍隊は成立しないのではないか。
>
> さらに軍隊行動（作戦行動）の相手は単一である。敵の軍隊でしかない。従ってその組織と行動の目的も単一で、敵軍隊に勝とうという以外にない。それ以外に軍隊の機能性もなく、さらにはそれ以外の思考法もあるべきはずがない。

これと同様の見解を述べる論者は多いが、例えば軍事研究家の藤井治夫も、「軍指揮官の眼には敵の動きと地形が入るだけだ。そこに住む民衆は念頭にない」といっている。藤井治夫『自衛隊はかならず敗ける：防衛の原点にかえれ』三一書房、1980、p.74。

20) 12) の文献、p.171。沖縄戦に関する文献は多数存するが、近年のものとして、大城将保『沖縄戦の真実と歪曲』高文研、2007、林博史『沖縄戦強制された「集団自決」』（歴史文化ライブラリー：275）吉川弘文館、2009、同『沖縄戦が問うもの』大月書店、2010、大城盛俊『大城盛俊が語る私の沖縄戦と戦後：軍隊は住民に銃を向けた』『私の沖縄戦と戦後』刊行委員会、2014等参照。

第 2 章　日本国国憲案の人権保障に関する考察　　55

21)　この点について、福島新吾は次のように述べている。『非武装の追求：現代政治における軍事力』サイマル出版会、1969、p.146。

　　　……いったん戦争が開始されると、国民はたちまち政府の政策の手段と化し、無限に犠牲に供せられる消耗品にすぎなくなる。最終的に国民の安否などは問われることにはならない。問題とされるのは、戦争の勝敗による一つの政治体制の生死のみである。だから第二次大戦の降伏は、ただ天皇制の維持の可能性のみを考慮して決定された。

また岡本三夫は、沖縄戦における次のような「実話」を紹介している。『平和学は訴える：平和を望むなら平和に備えよ』法律文化社、2005、p.158。

　　　むかし、太平洋の島々には日本軍が駐留していて、島民を敵の攻撃から守るものと思われていた。ところが、米軍が上陸してくると、島民を守るどころか、軍の安全を第一にしたため、多くの島民が犠牲になった。だが、ある島では「軍隊がいなければ敵は攻めてこない」という校長先生の考えで、日本軍はいなかった。戦争末期に米軍はその島にも上陸したが、軍隊がいないので引き揚げた。島民は一人も戦争の犠牲にならなかった。沖縄県渡嘉敷島の鼻先にある前島で起きた実話だという。

このような見解や「実話」に対しては、どこの国の軍隊も——もっとも、どこの国にも軍隊があるわけではない（例えば、バチカン、リヒテンシュタイン、モナコ、アイスランド、コスタリカ、グレナダ、ハイチ、パナマ、ナウル、サモア等の27か国は軍隊を保持していない［前田朗『軍隊のない国家：27の国々と人びと』日本評論社、2008参照］）——、災害派遣や治安維持、あるいは国際貢献で大変活躍しているではないか、という反論も出されよう。しかし、これらの活動は、本来、警察や消防のそれであって、軍隊の主たる任務ではない。軍隊の主任務は、あくまでも外国軍隊との戦闘（戦争）または国内の反体制勢力に対する弾圧（治安維持＝支配体制の擁護）に他ならない。大震災等の人命救助にあっても、そのための専門部隊があればいいのであって、軍隊でなければできないような災害援助は何もないであろう。また、軍隊による国際貢献といっても、その実態は大半が武力による弾圧であって、紛争の根本的解決には全然なっていないのである（むしろ、事態を悪化させるケースが圧倒的である）。軍隊によって、他国との国際紛争や自国内の武力抗争が平和的・民主的・人道的に解決されることなど絶対にあり得ないとみなければならない。

22)　12) の文献、p.168。

23)　日本国憲法における自衛権の存否については、山内敏弘『平和憲法の理論』日本評論社、1992、pp.121-243参照。なお、同文献の中で、山内は制憲議会以来の議論を踏まえて、次のように結論している（p.209）。

　　　以上、「武力」ならざる「実力」の行使を伴う「自衛権」の発動が具体的にいかなる形でありうるのかを検討してみた。結論は、「自衛権」の行使である限り、それは不可避的に「武力」を伴うものであり、「武力なき自衛権」は結局の

56　第Ⅰ部　研　究

　　ところは存在しえないということである。そして、「自衛権」が不可避的に「武
　　力」、つまりは「戦力」の行使を伴わざるをえないものである以上、「戦力」の保
　　持を禁じられた日本国憲法の下にあっては、そのような「自衛権」も実質的には
　　放棄されたものとみなさざるをえないのである。

24）田村重信［ほか］編著『日本の防衛法制（第2版）』内外出版、2012、p.64。

25）政府の憲法第9条及び安保・防衛問題に関する見解については、小山内宏『これが自
　　衛隊だ：戦力・戦略のすべて』ダイヤモンド社、1974、浅野一郎・杉原泰雄監修：浅
　　野善治［ほか］編『憲法答弁集：1947〜1999』信山社、2003、前田哲男・飯島滋明編
　　著『国会審議から防衛論を読み解く』三省堂、2003、浦田一郎編『政府の憲法九条解
　　釈：内閣法制局資料と解説』信山社、2013、阪田雅裕編著『政府の憲法解釈』有斐
　　閣、2013等参照。また、自衛隊の歴史及び実態については、小西誠『反戦自衛官：裁
　　かれる自衛隊』ＪＣＡ出版、1980、前田哲男『自衛隊は何をしてきたのか？：わが国
　　軍の40年』（ちくまライブラリー：42）筑摩書房、1990、同『自衛隊：変容のゆくえ』
　　（岩波新書：新赤版-1082）岩波書店、2007、山内敏弘『立憲平和主義と有事法の展
　　開』（学術選書：9）信山社、2008、半田滋著『3.11後の自衛隊：迷走する安全保障政
　　策のゆくえ』（岩波ブックレット：No.843）岩波書店、2012、前田哲男・飯島滋明編
　　『Ｑ＆Ａで読む日本軍事入門』吉川弘文館、2014、柳澤協二『自衛隊の転機：政治と
　　軍事の矛盾を問う』（ＮＨＫ出版新書：470）ＮＨＫ出版、2015、纐纈厚『暴走する自
　　衛隊』（ちくま新書：1173）筑摩書房、2016等参照。

26）『朝日新聞』2003（平成15）年5月16日（朝刊）。また、かつて制服組のトップにいた
　　栗栖弘臣元統合幕僚会議議長も、次のように述べている。栗栖弘臣『日本国防軍を創
　　設せよ』（小学館文庫）小学館、2000、p.78。

　　　　今でも自衛隊は国民の生命、財産を守るものだと誤解している人が多い。政治
　　　家やマスコミも往々この言葉を使う。しかし国民の生命、身体、財産を守るのは
　　　警察の使命（警察法）であって、武装集団たる自衛隊の任務ではない。自衛隊は
　　　「国の独立と平和を守る」（自衛隊法）のである。

27）戦後の沖縄における事例（基地被害）をみるまでもなく、日米安保体制が日米安全保
　　障条約、日米地位協定等を通して、日本国民に多大な犠牲を強いていることは誰の目
　　にも明らかである。アジアの軍事的緊張を高め、日本の国家主権と国民の平和的生存
　　権を大幅に侵害している同体制（自立性の喪失［＝従属性］、アメリカ軍が引き起こ
　　す戦争への巻き込まれの危険性等）は、直ちに解消（自衛隊の解散［災害救助隊等へ
　　の改編］、駐留米軍の全面撤退）されるべきであろう。この点について、大江志乃夫
　　は次のように述べている。同『統帥権』（日評選書）日本評論社、1982、p.308。

　　　　現在の自衛隊は日米安保体制とともにある。日米安保体制の問題を抜きにして
　　　自衛隊にたいする文民統制のあり方を論ずるのは、意味がない。自衛隊は、たと
　　　い個々の自衛隊員がどう考えていようとも、日本の自衛力として機能することは
　　　できない。残念ながら国民は、自衛隊に自己の生命・財産の安全を託することが

できない。それが現実なのである。

日米安保体制の実態を詳細に分析した文献として、民主主義科学者協会法律部会編『安保改定50年：軍事同盟のない世界へ』（『法律時報（増刊）』［2010.6］）日本評論社、2010、遠藤誠治責任編集『日米安保と自衛隊』（日本の安全保障；2）岩波書店、2015、島袋純・阿部浩己責任編集『沖縄が問う日本の安全保障』（日本の安全保障；4）岩波書店、2015等参照。

28) とりわけ、2015（平成27）年度の日本の軍事費（防衛関係費）は48,221億円に達し（防衛省編『日本の防衛：防衛白書（平成27年版）』日経印刷、2015、p.246）、国際比較でいえば世界で2～4位の「レベル」にあるとされる。高橋哲哉・斎藤貴男編著『憲法が変わっても戦争にならないと思っている人のための本』日本評論社、2006、p.65。

29) 自衛隊の治安出動については、藤井治夫『自衛隊と治安出兵：国民に銃を向けるな』（三一新書）三一書房、1973、小山内宏『これが自衛隊だ：戦力・戦略のすべて』ダイヤモンド社、1974、林茂夫編『治安行動の研究』（有事体制シリーズ；3）晩声社、1979等参照。

30) 自衛隊の災害派遣について、深瀬忠一は次のように述べている。16）の深瀬文献（『戦争放棄と平和的生存権』）、p.326。

　　　しかしながら、そのような災害派遣（民生協力）は、自衛隊の防衛・治安作用を妨げない（自衛隊法八三条二項、一〇〇条。災害対策基本法三一条参照）のみならず、むしろ軍事的ないし準軍事的任務の遂行および訓練の一環であり（道路、橋、堤、電線、飛行場等の建設・補修、後方支援・兵站活動等、戦闘力発揮の条件整備的活動）、そのような軍事的性格を平和的救援によっておおいかくし、自衛隊全般の「必要」性意識を増大し、「有事」に際して防衛戦争遂行により蒙るおそれのある国民の惨禍（あるいは国民大衆への「暴動」鎮圧等のリスク）を考えないようにさせる、高度のイデオロギー的効果をもつ。

31) PKO協力法に関する文献として、例えば緑風出版編集部編『ＰＫＯ問題の争点：分析と資料』緑風出版、1991、山内敏弘『立憲平和主義と有事法の展開』（学術選書；9憲法）信山社、2009等参照。

32) 隊内では、いじめや暴行が日常茶飯事化し、脱走者・自殺者も多数出ているとされる（三宅勝久『自衛隊という密室：いじめと暴力、腐敗の現場から』高文研、2009参照）。自衛隊が今、早急に取り組むべきは、隊内の民主化と隊員の人権保障であって、有事即応（臨戦）態勢の構築や日米軍事同盟の深化（PKO等における武器使用の緩和、集団的自衛権の行使［海外での武力行使］容認等）ではないのである。

33) 12）の文献、pp.171-173参照。また、田母神俊雄元航空幕僚長の論文及び一連の発言（侵略戦争の賛美、憲法第９条及びシビリアンコントロールの軽視等）に"軍隊"としての自衛隊の本質が明確にみて取れよう。『朝日新聞』2008（平成20）年11月２日（朝刊）の社説「空幕長更迭：ぞっとする自衛官の暴走」、同年11月12日（朝刊）の社

58　第Ⅰ部　研　　究

説「前空幕長：『言論の自由』のはき違え」等参照。

34）平和的生存権に関する文献としては、16）の深瀬文献（『戦争放棄と平和的生存権』）
の他、星野安三郎『平和に生きる権利』（現代の人権双書；1）法律文化社、1974、
山内敏弘『平和憲法の理論』日本評論社、1992、同『人権・主権・平和』日本評論
社、2003、小林武『平和的生存権の弁証』日本評論社、2006、毛利正道『平和的生存
権と生存権が繋がる日：イラク派兵違憲判決から』合同出版、2009、佐貫浩『平和的
生存権のための教育：暴力と戦争の空間から平和の空間へ』教育史料出版会、2010、
川口創・大塚英志『今、改めて「自衛隊のイラク派兵差止訴訟」判決文を読む』（星
海社新書；66）星海社、2015等参照。

35）「人間の安全保障」とは、「安全保障政策の基盤を、日本国憲法前文が掲げた〈われら
は、全世界の国民が、ひとしく恐怖と欠乏から免かれ、平和のうちに生存する権利を
有することを確認する〉に置こうとする考え」であるとされる。前田哲男編集『現代
の戦争』（岩波小辞典）岩波書店、2002、p.321。「人間の安全保障」に関する文献と
して、高橋哲哉・山影進編『人間の安全保障』東京大学出版会、2008、岩浅昌幸・柳
平彬編著『〈人間の安全保障〉の諸政策』法律文化社、2012、平和への権利国際キャ
ンペーン・日本実行委員会編著『いまこそ知りたい平和への権利48のＱ＆Ａ：戦争の
ない世界・人間の安全保障を実現するために』合同出版、2014等参照。

36）内村鑑三；鈴木俊郎［ほか］編集「世界の平和は如何にして来る乎」『内村鑑三全
集. 18』岩波書店、1981、pp.234-235。内村については、政池仁『内村鑑三伝（再増
補改訂新版）』教文館、1977、鈴木俊郎『内村鑑三伝：米国留学まで』岩波書店、
1986、関根正雄編著『内村鑑三（新装版）』（Century Books. 人と思想；25）清水書
院、2014等参照。

37）粟屋憲太郎［ほか］編『水野広徳著作集. 第5巻』雄山閣出版、1995、pp.81-82。水
野については、前坂俊之編；松下芳男『水野広徳：海軍大佐の反戦』雄山閣出版、
1993、大内信也『帝国主義日本に no と言った軍人水野広徳』雄山閣、1997、曽我部
泰三郎『水野広徳海軍大佐』元就出版社、2004、河合敦『知られざる日本の偉人た
ち：じつは凄かった！世界に誇れる伝説の10人』（だいわ文庫：224-1H）大和書房、
2012等参照。

38）加藤憲一「新渡戸稲造は軍部をどのように認識していたか」『新渡戸稲造研究』第15
号（2006.9）、p.119。

39）植木は、軍隊についてはその速やかな縮小ないし廃止を理想としながらも、現実には
憲法（「国憲」）を「護衞(衛)」し、"国内外"の敵（侵略的国家、国内の反民主的武装
勢力）を撃退するための"必要最小限度の防衛力"として、これを容認した（もっと
も、この容認も、国際社会が「万国共議政府」を設置し、「宇内無上憲法」を立定す
るまでの間と考えられていた）ようである。10）の拙著、pp.3-10及び6）の文献、
pp.293-300、p.314等参照。なお、植木は「兵ノ大旨ハ国憲ヲ護衛スルニ在リ」の中
で、軍の任務について、次のように述べている。植木枝盛；家永三郎［ほか］編『植

木枝盛集．第3巻』岩波書店、1990、pp.216。

　　　凡ソ兵ノ務メタルヤ外ニ在テハ他国ノ侵寇ヲ扞禦シ他国ト戦闘シ、内ニ在テハ
　　国乱ヲ鎮制シ国乱ヲ防禦スルニ在リテ、而シテ所謂国乱ヲ鎮制シ国乱ヲ防禦スル
　　ヤ大本ナクンバアルベカラザルナリ。兵ハ便チ国憲ヲ護衛スルヲ以テ大本トセ
　　ザルベカラザルナリ。兵ニシテ国憲ヲ護衛セズンバ其レ将タ何ヲ旨トシテ国家ニ
　　在ランヤ、兵ニシテ国憲ヲ護衛セズンバ兵ナキニ若カザルナリ、兵ナキニ優ルト
　　雖モ国家ノ為メニ関シテ大ニ要用タルニアラザルナリ、要用タルコトアリト雖モ
　　其用ヤ軽小ナリ。兵ニシテ国憲ヲ護衛スルニ従事セズンバ偶々利アルコトモコ
　　レアルベシト雖モ亦大ニ害アルコトモアルベシ。知ルベシ、兵ハ必ズ国憲ヲ護衛
　　スルヲ大本トス可キコトヲ。

ちなみに、山室信一『憲法9条の思想水脈』朝日新聞社、2007、p.113は、「枝盛が私
擬憲法草案として『日本国国憲案』……を執筆した一八八一年の段階では、戦争放棄
や軍備撤廃という事態を想定してそれを憲法条項として直接的に書くことは、『天皇
の軍隊』ひいては天皇制の否定につながる可能性もあったためか、条項としてはあげ
られてはいない」と述べている。

40)　6)の文献、pp.305-306。なお、1)の文献、p.73も参照。

41)　小畑隆資「植木枝盛の憲法構想：『東洋大日本国国憲案』考」『文化共生学研究』第6
　　号（2008.3）、pp.105-106。

42)　この点で、同じ立志社の憲法案である日本憲法見込案（1881［明治14］年9月19日
　　［?]）が――兵役の義務（第16条）、日本国を保護する義務（第17条）、「帝王」を敬す
　　る義務（第18条）等を規定する一方で――、緊急権条項を設けず、「国帝」も「叛逆
　　重罪」によって、その「位」を失う（第83条）と規定していること、また「国民の自
　　由権利を法律による制限なく無制約的に保障し、その種目は植木案と出入りはあるが
　　同様にその範囲がすこぶる広く、ことに『教育』『文学』の自由を明記しているこ
　　と、令状のない逮捕吏に抵抗する権、『非法不正ニ抗スルノ権理』等の抵抗権をふく
　　んでいることは」注目されよう。1)の文献、p.77。

43)　したがって、日本国国憲案は例えば、日本史学からは“ブルジョア民主主義の極致を
　　行く独創的な案”であると評価されるかもしれない（ただし、同案が“全面的に”
　　「独創的な案」であるかどうかについては、疑問が存する）が、平和学の観点からす
　　れば、「むすび」でも述べたように、同案は日本国憲法の理念や諸規定に遠く及ばな
　　い、むしろ人権保障にとって危険な憲法案であるとすらいい得るのである。

『植木枝盛：研究と資料』関東学院大学出版会、2012所収――ただし、本書に再録す
るに当たり、改題の上、内容に大幅な修正を加えた。

第Ⅱ部　資　　料

第3章　校訂・日本国国憲案

　自由民権運動の闘士・植木枝盛が、1881（明治14）年の8-9月に起草した日本国国憲案（東洋大日本国国憲按［案］）は、周知のように国民（人民）主権、徹底した人権保障（特に抵抗権、革命権）、連邦制等を採用し、「ブルジョア民主主義の極致を行く独創的な案」（家永三郎［ほか］編『新編明治前期の憲法構想』福村出版、2005、p.72）として高く評価されている（ただし、本書第1・2章参照）。現行の日本国憲法にも影響を与えたとされる、この日本国国憲案の原本はすでに失われているようであるが、今日、宮内庁書陵部所蔵伊藤博文文書及び国立国会図書館所蔵牧野伸顕文書中に収められている政府関係者の作成と認められる毛筆写本各1本と、『明治文化全集．正史篇：下巻』（日本評論社、1929）に収録された活版印刷本1本（現在、その底本である若山儀一旧蔵・京都帝国大学文学部国史研究室蔵は所在が不明である——植木枝盛；家永三郎［ほか］編『植木枝盛集．第6巻』岩波書店、1991、p.414）の、計3種の異本が伝わっている。

　本校訂では、上記3種の異本（清書本）の内、とりわけ毛筆写本2本と、その草稿本である「日本國憲法」（憲政史編纂会写本［国立国会図書館憲政資料室蔵］——前掲『新編明治前期の憲法構想』pp.374-385）とを厳密に比較考証し、条文の脱漏や脱字を補い、固有名詞等の明らかな誤字を訂正すると共に、大日本帝国憲法（明治憲法）を参考にして文言を統一し、日本国国憲案の、いわば完成校といえるものを提示した。

中島信行古澤滋
東洋大日本圀國憲桉

日本國々憲桉

第一編　國家ノ大則及權限
　　第一章　國家ノ大則
　　第二章　國家ノ權限
第二編　日本聯邦ノ大則及權限並ニ日本各州ト相関スル法
　　第一章　日本聯邦ノ大則
　　第二章　日本聯邦ノ權限並ニ日本各州ト相関スル法
第三編　日本各州ノ權限並ニ日本聯邦ト相関スル法
第四編　日本人民ノ自由權利
第五編　皇帝及攝政皇太子
　　第一章　皇帝ノ特權
　　第二章　皇帝ノ權限
　　第三章　皇帝ノ位及帝位継承
　　第四章　皇帝ノ即位
　　第五章　皇帝ノ婚姻
　　第六章　皇帝ノ歳俸
　　第七章　皇帝ノ年齢
　　第八章　攝　　政
　　第九章　皇　太　子
第六編　聯邦立法權ニ関スル諸則
　　第一章　聯邦立法權ニ関スル大則
　　第二章　聯邦立法院ノ權限
　　第三章　聯邦立法議員ノ權力

第3章　校訂・日本国国憲案　　65

　　　第四章　聯邦立法議員撰擧及被撰擧ノ法

　　　第五章　聯邦立法議員ノ任期

　　　第六章　聯邦立法議員ノ償給旅費

　　　第七章　聯邦立法議員ノ制限

　　　第八章　聯邦立法會議ノ時日

　　　第九章　聯邦立法會議開閉集散

　　　第十章　聯邦立法會議規則

　　　第十一章　聯邦立法院ノ決議ヲ國法ト為スニ就テ皇帝ト相関スル規則

第七編　聯邦行政權ニ関スル諸則

　　　第一章　聯邦行政權ニ関スル大則

　　　第二章　聯邦行政官

　　　第三章　聯邦行政府

　　　第四章　統　計　局

第八編　聯邦司法權ニ関スル諸則

　　　第一章　聯邦司法權ニ関スル大則

　　　第二章　聯　邦　法　官

　　　第三章　聯　邦　法　衙

　　　第四章　裁　　判

　　　第五章　高　等　法　院

第九編　土　　　地

第十編　租　　　税

第十一編　國　　　金

第十二編　財　　　政

第十三編　會　　　計

第十四編　用　　　兵

第十五編　外國人歸化

第十六編　特　　　法

第十七編　鐵道電信陸路水利

66　第Ⅱ部　資　　料

第十八編　憲 法 改 正
附　　則

　　　日本國々憲桉

　第一編　國家ノ大則及權限
　　第一章　國家ノ大則
第一條　日本國ハ日本國憲法ニ循テ之ヲ立テ之ヲ持ス
第二條　日本國ニ一聯邦立法院一聯邦行政府一聯邦司法廳ヲ置ク日本國憲法
　其ノ規則ヲ設ク
　　　第二章　國家ノ權限
第三條　日本ノ國家ハ國家政府ヲ達行センカ為ニ必要ナル事物ヲ備フルヲ得
第四條　日本ノ國家ハ外國ニ對シテ交際ヲ為シ條約ヲ結フヲ得
第五條　日本ノ國家ハ日本各人ノ自由權利ヲ殺減スル規則ヲ作リテ之ヲ行フ
　ヲ得ス
第六條　日本ノ國家ハ日本人民各自ノ私事ニ干渉スルコトヲ施スヲ得ス
　　第二編　日本聯邦ノ大則及權限竝ニ日本各州ト相関スル法
　　　第一章　日本聯邦ノ大則
第七條　日本武藏州　山城州　大和州　和泉州　攝津州　伊賀州　伊勢州
　志摩州　尾張州　三河州　遠江州　駿河州　甲斐州　伊豆州　相模州　安
　房州　上總州　下總州　常陸州　近江州　美濃州　飛驒州　信濃州　上野
　州　下野州　岩代州　磐城州　陸前州　陸中州　陸奧州　羽前州　羽後州
　若狹州　越前州　加賀州　能登州　越後州　越中州　佐渡州　丹後州　但
　馬州　因幡州　伯耆州　出雲州　石見州　隠岐州　播磨州　美作州　備中
　州　安藝州　周防州　長門州　紀伊州　淡路州　阿波州　讃岐州　伊豫州
　土佐州　筑前州　筑後州　豐前州　豐後州　肥前州　肥後州　日向州　大
　隅州　薩摩州　壹岐州　對馬州　琉球州ヲ聯合シテ日本聯邦ト為ス
第八條　日本聯邦ニ大政府ヲ置キ日本聯邦ノ政ヲ統フ

第九條　日本聯邦ハ日本各州ニ對シ其ノ州ノ自由獨立ヲ保護スルヲ主トスヘシ

第十條　日本國内ニ於テ未タ獨立ノ州ヲ為ササルモノハ日本聯邦之ヲ管理ス

第十一條　日本聯邦ハ日本各州ニ對シ外國ノ侵冠ヲ保禦スルノ責アリ

　　　第二章　日本聯邦ノ權限竝ニ日本各州ト相関スル法

第十二條　日本聯邦ハ日本各州相互ノ間ニ関シテ規則ヲ立ツルコトヲ得

第十三條　日本聯邦ハ日本各州ニ對シテ其ノ一州内各自ノ事件ニ干渉スルヲ得ス其ノ州内郡邑等ノ定制ニ干渉スルヲ得ス

第十四條　日本聯邦ハ日本各州ノ土地ヲ奪フヲ得ス其ノ州ノ肯テ諾スルニ非サレハ一州ヲモ廢スルヲ得ス

第十五條　日本國憲法ノ許ニ非サレハ日本諸州ヲ合割スルヲ得ス日本諸州ノ境界ヲ變スルヲ得ス

第十六條　日本國内ニ於テ新ニ州ヲ為スニ付テ日本聯邦ニ合セントスルモノアルトキハ日本聯邦ハ之ヲ妨クルヲ得ス

第十七條　外國ト諸盟約ヲ結フノ權國家ノ体面ヲ以テ諸外國ト交際ヲ為スノ權ハ日本聯邦ニ在リ

第十八條　日本聯邦中ニ用フル度量衡ヲ制定スルノ權ハ日本聯邦ニ在リ

第十九條　通貨ヲ造ルノ權ハ日本聯邦ニ在リ

第二十條　海関税ヲ定ムルノ權ハ日本聯邦ニ在リ

第二十一條　宣戰講和ノ權ハ日本聯邦ニ在リ

第二十二條　日本聯邦ハ日本聯邦ノ管スル処ニ燈船燈臺浮標ヲ設クルヲ得同種類ノモノハ順次揚クルヲ得

第二十三條　日本聯邦ハ驛遞ヲ管理スルヲ得

第二十四條　日本聯邦ハ特ニ日本聯邦ニ関スル事物ノ為ニ諸法律規則ヲ定ムルヲ得

第二十五條　日本聯邦ハ外國貨幣及尺度權衡ノ日本聯邦内ニ通用スルモノニ價位ヲ定ムルヲ得

第二十六條　日本聯邦ニ常備軍ヲ設置スルヲ得

68　第Ⅱ部　資　　料

第二十七條　日本中一州ト一州ト相互ノ間ニ渉ル爭訟ハ日本聯邦之ヲ審判ス

第二十八條　日本各州ト外國使節ト公務ノ往復アルトキハ聯邦行政府ヲ經由
ス

　　第三編　日本各州ノ權限竝ニ日本聯邦ト相關スル法

第二十九條　日本各州ハ日本聯邦ノ大法ニ抵觸スルモノヲ除クノ外皆獨立シ
テ自由ナルモノトス何等ノ政体政治ヲ行フトモ日本聯邦之ニ干渉スルコト
ナシ

第三十條　日本各州ハ外國ニ向ヒ國家ノ權利体面ニ關シ國土ニ關スル條約ヲ
結フコトヲ得ス

第三十一條　日本各州ハ外國ニ向ヒ日本聯邦竝ニ他州ノ權利ニ關セサルコト
ニ限リ經済上ノ件警察上ノ件ニ就キ互約ヲ為スヲ得又法則ヲ立ツルコトヲ
得

第三十二條　日本各州ハ既ニ冠賊ノ來襲ヲ受ケ危急ニ迫ルニ非サレハ戰ヲ為
スヲ得ス

第三十三條　日本各州ハ互ニ戰鬪スルヲ得ス爭訟アレハ決ヲ聯邦行政府ニ仰
ク

第三十四條　日本各州ハ現ニ強敵ヲ受ケ大乱ノ生シタルカ如キ危急ノ時機ニ
際シテハ日本聯邦ニ報シテ救援ヲ求ルコトヲ得又他州ニ向テ應援ヲ請フコ
トヲ得日本各州右ノ次第ヲ以テ他州ヨリ應援ヲ請ハレシトキ眞ニ其ノ危急
ニ迫ルヲ知ルトキハ赴援スルヲ得其ノ費ハ日本聯邦ニ於テ之ヲ辨ス

第三十五條　日本各州ハ常備兵ヲ設置スルヲ得

第三十六條　日本各州ハ護郷兵ヲ設置スルヲ得

第三十七條　日本各州ハ日本聯邦ノ許允ヲ待タスシテ二州以上互ニ盟約ヲ結
フヲ得ス

第三十八條　日本各州ハ二州以上恊議ヲ以テ其ノ境界ヲ變改スルヲ得又其ノ
州ヲ合スルヲ得此ノコトアルトキハ必ス日本聯邦ニ通セサルヘカラス

第三十九條　日本各州ハ過境税入市税ヲ課スルヲ得

　　第四編　日本人民ノ自由權利

第3章　校訂・日本国国憲案　69

第四十條　日本ノ政治社會ニ在ル者之ヲ日本人民ト為ス

第四十一條　日本人民ハ自ラ好ンテ之ヲ脱スルカ及自ラ諾スルニ非サレハ日本人民タルコトヲ削カル丶コトナシ

第四十二條　日本人民ハ法律上ニ於テ平等ト為ス

第四十三條　日本人民ハ法律ノ外ニ於テ自由權利ヲ犯サレサルヘシ

第四十四條　日本人民ハ生命ヲ全フシ四肢ヲ全フシ形体ヲ全フシ健康ヲ保チ面目ヲ保チ地上ノ物件ヲ使用スルノ權ヲ有ス

第四十五條　日本人民ハ何等ノ罪アリト雖モ生命ヲ奪ハレサルヘシ

第四十六條　日本人民ハ法律ノ外ニ於テ何等ノ刑罰ヲモ科セラレサルヘシ又法律ノ外ニ於テ鞫治セラレ逮捕セラレ拘留セラレ禁錮セラレ喚問セラル丶コトナシ

第四十七條　日本人民ハ一罪ノ為ニ身体汚辱ノ刑ヲ再ヒセラル丶コトナシ

第四十八條　日本人民ハ拷問ヲ加ヘラル丶コトナシ

第四十九條　日本人民ハ思想ノ自由ヲ有ス

第五十條　日本人民ハ如何ナル宗教ヲ信スルモ自由ナリ

第五十一條　日本人民ハ言語ヲ述フルノ自由ヲ有ス

第五十二條　日本人民ハ議論ヲ演フルノ自由ヲ有ス

第五十三條　日本人民ハ言語ヲ筆記シ版行シテ之ヲ世ニ公ケニスルノ權ヲ有ス

第五十四條　日本人民ハ自由ニ集會スルノ權ヲ有ス

第五十五條　日本人民ハ自由ニ結社スルノ權ヲ有ス

第五十六條　日本人民ハ自由ニ歩行スルノ權ヲ有ス

第五十七條　日本人民ハ住居ヲ犯サレサルノ權ヲ有ス

第五十八條　日本人民ハ何クニ住居スルモ自由トス又何クニ旅行スルモ自由トス

第五十九條　日本人民ハ何等ノ教授ヲナシ何等ノ學ヲ為スモ自由トス

第六十條　日本人民ハ如何ナル産業ヲ營ムモ自由トス

第六十一條　日本人民ハ法律ノ正序ニ拠ラスシテ屋内ヲ探撿セラレ器物ヲ開

70　第Ⅱ部　資　　料

視セラルヽコトナシ

第六十二條　日本人民ハ信書ノ秘密ヲ犯サレサルヘシ

第六十三條　日本人民ハ日本國ヲ辭スルコト自由トス

第六十四條　日本人民ハ凡ソ無法ニ抵抗スルコトヲ得

第六十五條　日本人民ハ諸財産ヲ自由ニスルノ權アリ

第六十六條　日本人民ハ何等ノ罪アリト雖モ其ノ私有ヲ没收セラルヽコトナ
シ

第六十七條　日本人民ハ正當ノ報償ナクシテ所有ヲ公用トセラルヽコトナシ

第六十八條　日本人民ハ各其ノ名ヲ以テ聯邦行政府ニ上書スルコトヲ得各其
ノ身ノ為ニ請願ヲ為スノ權アリ其ノ公立會社ニ於テハ會社ノ名ヲ以テ其ノ
書ヲ呈スルコトヲ得

第六十九條　日本人民ハ諸政官ニ任セラルヽノ權アリ

第七十條　聯邦行政府日本國憲法ニ違背スルトキハ日本人民ハ之ニ從ハサル
コトヲ得

第七十一條　聯邦行政府官吏壓制ヲ為ストキハ日本人民ハ之ヲ排斥スルヲ得
聯邦行政府威力ヲ以テ擅恣暴虐ヲ逞フスルトキハ日本人民ハ兵器ヲ以テ之
ニ抗スルコトヲ得

第七十二條　聯邦行政府恣ニ日本國憲法ニ背キ擅ニ日本人民ノ自由權利ヲ殘
害シ建國ノ旨趣ヲ妨クルトキハ日本人民ハ之ヲ覆滅シテ新政府ヲ建設スル
コトヲ得

第七十三條　日本人民ハ兵士ノ宿泊ヲ拒絶スルヲ得

第七十四條　日本人民ハ法庭ニ喚問セラルヽトキニ當リ詞訴ノ起ル原由ヲ聽
クヲ得

己レヲ訴フル本人ト對決スルヲ得己レヲ助クル証拠人及表白スルノ人ヲ得
ルノ權アリ

　　第五編　皇帝及攝政皇太子

　　　第一章　皇帝ノ特權

第七十五條　皇帝ハ國政ノ為ニ責ニ任セス

第七十六條　皇帝ハ刑ヲ加ヘラルヽコトナシ

第七十七條　皇帝ハ身体ニ属スル賦税ヲ免カル

　　　　第二章　皇帝ノ權限

第七十八條　皇帝ハ兵馬ノ大權ヲ握ル宣戰講和ノ機ヲ統フ他國ノ獨立ヲ認ムルト認メサルトヲ決ス

　但シ和戰ヲ決シタルトキハ直ニ聯邦立法院ニ報告セサルヘカラス

第七十九條　皇帝ハ平時ニ在リ聯邦立法院ノ議ヲ經スシテ兵士ヲ徵募スルヲ得

第八十條　皇帝ハ外國事務ノ總裁タリ諸外交官ヲ命スルヲ得外國交際ノ禮ヲ為スヲ得

　但シ國權ニ関スル條約連盟ハ聯邦立法院ノ議ヲ經ルニ非サレハ決行スルヲ得ス

第八十一條　皇帝ハ日本人民ニ勲等賞牌ヲ與フルコトヲ得

　位階ヲ與フルコトヲ得ス

第八十二條　皇帝ハ聯邦立法院ノ議ニ由ラサレハ通貨ヲ創造若クハ改造スルヲ得ス

第八十三條　皇帝ハ聯邦立法議會ノ承諾ヲ經テ日本聯邦ノ罪囚ヲ赦免シ及降減スルコトヲ得

　日本聯邦既定ノ裁判ヲ他ノ裁判所ニ移シテ復審セシムルコトヲ得

　法司ノ法權ヲ施スヲ沮格スルヲ得ス

　日本聯邦執政ノ職務罪ニ係ル者ハ聯邦立法院ニ反シテ恩赦ヲ與ヘ降減ヲ為スコトヲ得ス

第八十四條　皇帝ハ聯邦立法議會ヲ延引スルヲ得

　聯邦立法院ノ承諾ナクシテ三十日ヲ越ユルコトヲ得ス

第八十五條　皇帝ハ諸兵備ヲ為スヲ得

第八十六條　皇帝ハ國政ヲ施行スルカ為ニ必要ナル命令ヲ發スルコトヲ得

第八十七條　皇帝ハ日本人民ノ權利ニ係ルコト國家ノ金錢ヲ費スヘキコト國家ノ土地ヲ變スヘキコトヲ專行スルヲ得ス必ス聯邦立法院ノ議ヲ經ルヲ要

ス聯邦立法院ノ議ヲ經サルモノハ實行スルノ效ナシ

第八十八條　皇帝ハ聯邦行政府ニ出頭シテ政ヲ秉ル

第八十九條　皇帝ハ聯邦行政府ノ長タリ常ニ聯邦行政ノ權ヲ統フ

　　特別ニ定ムル者ノ外聯邦諸行政官吏ヲ命スルコトヲ得

第九十條　皇帝ハ聯邦司法廳ノ長タリ其ノ名ヲ以テ法權ヲ行フ又聯邦法官ヲ

　　命ス

第九十一條　皇帝ハ現行ノ法律ヲ廢シ已定ノ法律ヲ置格スルヲ得ス

第九十二條　皇帝ハ法ノ外ニ於テ租税ヲ収ムルヲ得ス

第九十三條　皇帝ハ法ノ外ニ於テ聯邦立法院ノ議ヲ拒ムヲ得ス

第九十四條　皇帝ハ聯邦立法議會ト意見ヲ異ニシテ和セサルニ當リータヒ其

　　ノ議會ヲ解散スルコトヲ得之ヲ解散シタルトキハ必ス三日以内ヲ以テ其ノ

　　旨ヲ各撰擧區ニ達シ且日本人民ヲシテ更ニ聯邦立法議員ヲ撰ハシメ必ス六

　　十日以内ヲ以テ聯邦立法議會ヲ復開セサルヘカラス一タヒ解散シタル上ニ

　　テ復開シタル聯邦立法議會ハ同事件ニ就テ再ヒ解散スルコトヲ得ス

第九十五條　聯邦立法院ノ議決シタルコトニシテ皇帝之ヲ實施シ難シト為ス

　　トキハ聯邦立法議會ヲシテ之ヲ再議セシムルヲ得此ノ如キトキハ皇帝ハ其

　　ノ由ヲ詳説陳辨セサルヘカラス

　　　　第三章　皇帝ノ位及帝位繼承

第九十六條　皇帝ノ位ハ今上天皇睦仁陛下ニ属ス

第九十七條　今上皇帝陛下位ヲ去レハ陛下ノ正統子孫ニ傳フ若子孫ナキトキ

　　ハ尊族ノ親近ナル者ニ讓ル左ノ次序ニ循フ

　　今上皇帝ノ位ハ第一嫡皇子及其ノ統ニ世傳ス

　　第二　嫡皇子及其ノ統ナキトキハ嫡庶子及其ノ統ニ世傳ス

　　第三　嫡庶子及其ノ統ナキトキハ庶皇子及其ノ統ニ世傳ス

　　第四　以上統ナキトキハ嫡皇女及其ノ統ニ世傳ス

　　第五　以上統ナキトキハ庶皇女ニ世傳ス

　　第六　若モ以上ノ嫡皇子孫庶皇子孫及其ノ統ナキトキハ皇帝兄弟姉妹及其

　　ノ統ニ世傳ス

第3章　校訂・日本国国憲案　73

　　第七　若モ皇帝ノ嫡庶子孫兄弟姉妹伯叔父母及其ノ統ナキトキハ聯邦立法
　　院ノ議ヲ以テ皇族中ヨリ撰テ其ノ嗣ヲ定ム
第九十八條　帝位繼承ノ順序ハ男ハ女ニ先チ長ハ幼ニ先チ嫡ハ庶ニ先ツ
第九十九條　非常特別ノコトアリ帝位繼承ノ順序ヲ變セントスルコトアレハ
　　皇帝ト聯邦立法院トノ恊議ヲ經テ之ヲ行フヘシ
　　　　第四章　皇帝ノ即位
第百條　皇帝ノ即位ハ必ス聯邦立法議員列席ノ前ニ於テス
　　　　第五章　皇帝ノ婚姻
第百一條　皇帝ノ婚姻ハ必ス聯邦立法院ノ議ヲ經ルヲ要ス
第百二條　女帝ノ夫婿ハ王權ニ干渉スルヲ得ス
　　　　第六章　皇帝ノ歳俸
第百三條　皇帝ハ年々國庫ヨリ　　萬圓ノ俸ヲ受ク
　　　　第七章　皇帝ノ年齡
第百四條　皇帝ノ歳未タ十八歳ニ至ラサル内ハ之ヲ未成年ト定ム十八歳ニ及
　　ヘハ之ヲ成年ト定ム
　　　　第八章　攝　　政
第百五條　皇帝未成年ノ間ハ攝政ヲ置ク
第百六條　皇帝長ク事故アリテ親ラ政ヲ秉ルコト能ハサルトキハ攝政職ヲ置
　　ク
第百七條　皇帝事故アリテ攝政職ヲ置クノトキニ際シ皇太子成年ナルトキハ
　　皇太子ヲ以テ攝政ニ當ツ
第百八條　攝政ハ皇帝ノ名ヲ以テ王權ヲ行フ
第百九條　攝政ノ職制章程ハ聯邦立法院ニ於テ之ヲ立定ス
第百十條　攝政官ハ皇帝又ハ主相之ヲ指名シ聯邦立法院之ヲ定ム
第百十一條　皇帝嗣ノ未成年中ニ其ノ位ヲ讓ラントスルノ場合ニ於テハ豫メ
　　攝政官ヲ指名シテ聯邦立法院ノ議ニ附シ之ヲ定ムルコトヲ得
　　　　第九章　皇　太　子
第百十二條　皇太子ハ身体ニ関スル賦課ヲ免カル

74　第Ⅱ部　資　　料

第百十三條　皇太子ハ年々國庫ヨリ支給ヲ受ク法章之ヲ定ム

　　第六編　聯邦立法權ニ関スル諸則

　　　第一章　聯邦立法權ニ関スル大則

第百十四條　日本聯邦ニ関スル立法ノ權ハ日本聯邦人民全体ニ属ス

第百十五條　日本聯邦人民ハ皆日本聯邦ノ立法議政ノ權ニ與カルコトヲ得

第百十六條　皇帝ハ日本聯邦立法權ニ與カルコトヲ得

第百十七條　日本聯邦ノ法律制度ハ聯邦立法院ニ於テ立定ス

第百十八條　聯邦立法院ハ全國ニ一ヲ置ク

第百十九條　聯邦立法ノ權ハ限數人代議ノ制ヲ用ヒテ之ヲ行フ

　　　第二章　聯邦立法院ノ權限

第百二十條　聯邦立法院ハ日本聯邦ニ関スル租税ヲ定ムルノ權ヲ有ス

第百二十一條　聯邦立法院ハ日本聯邦ノ軍律ヲ定ムルコトヲ得

第百二十二條　聯邦立法院ハ聯邦裁判所ノ訴訟法ヲ定ムルヲ得

第百二十三條　聯邦立法院ハ日本聯邦ニ関スル兵制ヲ議定スルコトヲ得

第百二十四條　聯邦立法院ハ日本聯邦ノ名ヲ以テ國債ヲ起シ金錢ヲ借リ及之
　　ヲ償却スルノ法ヲ立ツルコトヲ得

第百二十五條　聯邦立法院ハ通貨ニ関スル法律ヲ立ツルコトヲ得日本聯邦ニ
　　對スル國事犯罪律ヲ立ツルヲ得

第百二十六條　聯邦立法院ハ郵便ノ制ヲ立ツルヲ得

第百二十七條　聯邦立法院ハ日本聯邦ノ通貨ヲ増減改造スルノ議ヲ定ムルコ
　　トヲ得

第百二十八條　聯邦立法院ハ日本聯邦ノ共有物ヲ処置スルヲ得

第百二十九條　聯邦立法院ハ聯邦行政府ノ保証ヲ為ス銀行會社ノ規則ヲ立ツ
　　ルコトヲ得

第百三十條　聯邦立法院ハ切要ナル調査ニ関シ日本聯邦ノ官吏ヲ議塲ニ提喚
　　スルノ權アリ又日本聯邦人民ヲ召喚スルノ權アリ又日本聯邦人民ヲ召喚シ
　　テ事情ヲ質スルコトヲ得

第百三十一條　聯邦立法院ハ日本國憲法ノ許ス所ノ權利ヲ行フカ為ニ諸規則

第3章　校訂・日本国国憲案　75

ヲ立ツルヲ得

第百三十二條　聯邦立法院ハ外國人並ニ國外ノ者ニ関スル規則ヲ立ツルコト
ヲ得

第百三十三條　聯邦立法院ハ聯邦行政府諸執行ノ職務ニ関セル罪科並ニ國事
犯罪ヲ彈劾論告シ正的ノ法院ニ求刑スルノ權ヲ有ス

第百三十四條　聯邦立法院ハ聯邦立法議員ノ權任ヲ監査スルノ權アリ

第百三十五條　聯邦立法院ハ聯邦立法議員ニシテ其ノ職分ニ関スル命令規則
ニ違背スル者ヲ処分スルヲ得

第百三十六條　聯邦立法院ハ既往ニ溯ルノ法律ヲ立ツルヲ得ス

第百三十七條　聯邦立法院ハ外國ト條約ヲ結ヒ連盟ヲ為スヲ決定スルノ權ア
リ

但シ國權ノ獨立ヲ失フノ契約ヲ為スヲ得ス

第百三十八條　聯邦立法院ハ聯邦行政部ニ對シ推問ノ權ヲ有ス

　　　第三章　聯邦立法議員ノ權力

第百三十九條　聯邦立法議員ハ其ノ職ヲ行フニ付キ發言シタル意見ニ就テ糾
治撿索セラル丶コトナシ

第百四十條　聯邦立法議員ハ本院ノ許可ヲ經スシテ聯邦立法議會開會ノ間並
ニ其ノ前後三十日間ハ要領ノ為ニ拘引拘留セラル丶コトナシ刑事ノ為ニ拿
捕セラレ糾治セラル丶コトナシ

但シ現行犯ハ此ノ限ニアラス

　　　第四章　聯邦立法議員撰擧及被撰擧ノ法

第百四十一條　聯邦立法議員ハ日本聯邦人民之ヲ直撰ス

第百四十二條　聯邦立法議員ハ一州各七名ト定ム

第百四十三條　現ニ租税ヲ納メサル者現ニ法律ノ罪ニ服シ居ル者聯邦行政府
官吏ハ聯邦立法議員ヲ撰擧スルコトヲ得ス

第百四十四條　現ニ法律ノ罪ニ服シ居ル者聯邦行政府官吏ハ聯邦立法議員ニ
撰擧セラル丶コトヲ得ス

第百四十五條　日本各州ハ何レノ州ノ人ヲ撰擧シテ聯邦立法議員ト為スモ自

76 第Ⅱ部 資 料

由トス

第五章 聯邦立法議員ノ任期

第百四十六條 聯邦立法議員ハ三年ヲ一期トシ三年毎ニ全員ヲ改撰ス

第六章 聯邦立法議員ノ償給旅費

第百四十七條 聯邦立法議員ハ年々國庫ヨリ三千圓ノ手當金ヲ受ク又其ノ聯邦立法會議ニ出ツル毎ニ往復旅費ヲ受ク

第七章 聯邦立法議員ノ制限

第百四十八條 聯邦立法議員ハ聯邦行政官ヲ兼ヌルヲ得ス

第八章 聯邦立法會議ノ時日

第百四十九條 聯邦立法會議ハ毎年一回之ヲ為ス其ノ他コトナキニ於テハ十月第一ノ月曜日ニ之ヲ開ク

第百五十條 議事ノ多少ニ依リ皇帝ハ時々期日ヲ伸縮スルヲ得然レトモ聯邦立法議員過半數ノ同意アルトキハ皇帝ノ命アリト雖モ聯邦立法議會其ノ伸縮ヲ定ム

第九章 聯邦立法會議ノ開閉集散

第百五十一條 非常ノ事件アリテ聯邦立法會議ヲ要スルトキハ皇帝ハ臨時會ヲ開クコトヲ得

第百五十二條 聯邦立法會議ノ開閉ハ皇帝之ヲ司ル

第百五十三條 毎年ノ聯邦立法會議常會ハ皇帝ノ命ナシト雖モ聯邦立法議員ハ自ラ會シテ議事ヲ為スコトヲ得

第百五十四條 皇帝死去ノトキニ在リテハ聯邦立法議會ハ臨時會ヲ開ク

第百五十五條 現在聯邦立法議員ノ年期已ニ盡クルノ際未タ交代スヘキノ議員ノ撰擧セラレサルノ間ニ於テ皇帝崩スルコトアルトキハ前期ノ聯邦立法議員集合シテ新議員ヲ生スル迄聯邦立法會議ヲ為スコトヲ得

第百五十六條 聯邦立法會議皇帝ノ為ニ解散セラレ皇帝國法ノ通リニ復立セサルトキハ解散セラレタル聯邦立法議會ハ自ラ復會スルヲ得

第十章 聯邦立法會議ノ規則

第百五十七條 聯邦立法議桉ハ聯邦立法院皇帝倶ニ之ヲ出スコトヲ得

第百五十八條　聯邦立法議會ノ議長ハ聯邦立法院ニ於テ聯邦立法議員ヨリ公撰ス

第百五十九條　凡ソ聯邦立法會議ハ聯邦立法議員全數ノ過半數ノ出席ナレハ之ヲ開クコトヲ得

但シ同一事件ニ付再度以上集會ヲ催シタルトキハ過半數ノ出席ナシト雖モ議事ヲ為スコトヲ得

第百六十條　特別ニ定メタル規則ナキ事件ノ議事綜テ出席員過半數ノ議ヲ以テ決定ス両議同數ナルコトアルトキハ議長ノ傾向スル所ニ決ス

第百六十一條　聯邦立法會議ハ公ニ傍聽ヲ許ス其ノ特異ノ時機ニ際シテハ秘密ニスルヲ得

　　　第十一章　聯邦立法院ノ決議ヲ國法ト為スニ就テ皇帝ト相関スル規則

第百六十二條　聯邦立法院ニテ決定シタル成議ハ皇帝ニ呈シテ承認ヲ得ルヲ必ストス

第百六十三條　皇帝聯邦立法院ノ成議ヲ受取ラハ三日以内ニ必ス其ノ答ヲ為サルヘカラス若其ノ熟考セント要スルコトアラハ其ノ趣ヲ申通シテ二十日以内ニ可否ヲ示ス

第百六十四條　聯邦立法院ノ決定スル所ニシテ皇帝準許セサルコトアルトキハ聯邦立法院ヲシテ之ヲ再議セシム

聯邦立法院之ヲ再議シタルトキハ聯邦立法議員總數過半以上ノ同意アルヲ見レハ更ニ奏シテ必ス之ヲ行フニ定ム

　　第七編　聯邦行政權ニ関スル諸則

　　　第一章　聯邦行政權ニ関スル大則

第百六十五條　日本聯邦ノ行政權ハ皇帝ニ属ス

第百六十六條　日本聯邦ノ行政府ハ皇帝ニ於テ統轄ス

第百六十七條　日本聯邦ノ行政權ハ聯邦行政府ニ於テ開施ス

第百六十八條　皇帝行政權ヲ行フニ就テハ國家ニ一ノ主相ヲ置キ又諸政ノ類ヲ分テ其ノ各省ヲ設ケ其ノ各主務官ヲ命ス

第百六十九條　皇帝ヨリ出ス諸件ノ布告ハ主相ノ名ヲ署シ當該ノ本任長官副

78　第Ⅱ部　資　　料

署シテ之ヲ發ス執政ノ副署ナキモノハ實行スルノ効ナシ

第百七十條　皇帝ヨリ發スル諸件ノ布告ニ就テハ主相及當該ノ本任長官其ノ
　責ニ任ス但シ執政ノ副署ナキモノハ執政ハ責ニ任セス

　　　　第二章　聯邦行政官

第百七十一條　聯邦行政官ハ皇帝ノ命ニ從フテ其ノ職務ヲ取ル

第百七十二條　主相ハ皇帝ニ奏シテ諸省ノ長官ヲ任命スルヲ得

第百七十三條　聯邦執政ハ議桉ヲ草シテ聯邦立法議會ニ提出スルヲ得又聯邦
　立法議會ニ參スルヲ得決議ノ數ニ入ルコトヲ得ス

第百七十四條　聯邦行政官ハ聯邦立法議員ヲ兼ヌルヲ得ス

第百七十五條　聯邦行政官ハ其ノ執行スル政務ニ就キ皇帝竝ニ日本人民ニ對
　シテ責ニ任ス

　其ノ一執政ノ分テ為セシコトハ當該ノ一執政乃チ其ノ責ニ任ス其ノ衆執政
　分テ為セシコトハ衆執政連帶シテ其ノ責ニ任セス

第百七十六條　聯邦行政官タル者職務上ノ罪犯過失ニ就テ彈劾セラレ糾問セ
　ラルヽ間ハ其ノ職ヲ辭スルヲ得ス

　　　　第三章　聯邦行政府

第百七十七條　聯邦行政府ハ毎歳國費ニ関スル議桉ヲ草シ聯邦立法議會ニ出
　ス

第百七十八條　聯邦行政府ハ毎歳國費決算書ヲ製シ聯邦立法院ニ報ス

　　　　第四章　統　計　局

第百七十九條　國家歳出入ノ豫算表精算表ハ聯邦行政府統計局ニ於テ之ヲ調
　成ス

第百八十條　統計局ノ長官ハ聯邦立法院之ヲ撰任ス

第百八十一條　統計局ハ國家ノ出納會計ヲ撿査監察スルコトヲ得

第百八十二條　統計局ハ聯邦行政各部ヨリ會計ニ関スル一切ノ書類ヲ拾聚ス
　ルコトヲ得

　　　第八編　聯邦司法權ニ関スル諸則

　　　　第一章　聯邦司法權ニ関スル大則

第3章　校訂・日本国国憲案　　79

第百八十三條　聯邦司法權ハ法律ニ定メタル法衙ニ於テ之ヲ實施ス
第百八十四條　特別ノ定メナキ民事刑事ノ裁判詞訟ハ聯邦司法權ノ管理ニ歸
ス
第百八十五條　非常法衙ヲ設ケ非常法官ヲ撰テ臨時ニ司法權ヲ行フコトヲ得
ス
第百八十六條　軍人ノ軍律ヲ犯ス者ハ其ノ軍ノ裁判所ニ於テ其ノ軍ノ律ニ処
ス
　　　　第二章　聯　邦　法　官
第百八十七條　凡ソ聯邦法官ハ聯邦立法院ニ於テ任免ス
第百八十八條　聯邦法官ハ俸給アル職任ヲ兼ヌルコトヲ得ス聯邦立法議員ヲ
兼ヌルコトヲ得ス
　　　　第三章　聯　邦　法　衙
第百八十九條　聯邦法衙ハ日本國憲法ニ遵フノ外不覊ニシテ他ノ管轄ヲ受ケ
ス
　　　　第四章　裁　　判
第百九十條　凡ソ裁判ハ理由ヲ附シ所以ヲ明ニス
第百九十一條　民事裁判ハ代言ヲ許ス
第百九十二條　刑事裁判ハ陪審ヲ設ケ辨護人ヲ許ス
第百九十三條　裁判ハ衆人ノ傍聽ヲ許シテ公ケニ之ヲ行フ風俗ヲ害スル事件
ニ限リテ傍聽ヲ禁スルコトヲ得
　　　　第五章　高　等　法　院
第百九十四條　諸法衙ノ外日本全國ニ一ノ高等法院ヲ置ク
第百九十五條　高等法院ハ執政ノ職務ニ係ル事枚ヲ審判ス
第百九十六條　高等法院ハ皇帝ニ對スル犯罪日本聯邦ニ對スル犯罪ノ如キ通
常罪犯ノ外ナル非常ノ大犯罪ヲ審明ス
　　　第九編　土　　地
第百九十七條　國家ノ土地ハ全國家ノ共有トス
第百九十八條　國家ノ土地ハ聯邦立法院ノ議ニ非サレハ一モ動カスコトヲ得

80　第Ⅱ部　資　　料

ス

第百九十九條　國家ノ土地ハ聯邦立法院ノ議ニ非サレハ之ヲ他國ニ賣リ若ク
　　ハ讓リ若クハ交換シ若クハ抵當ニ入ルヽコトヲ得ス

　　　第十編　租　　税

第二百條　日本聯邦ノ租税ハ日本各州ヨリ課ス其ノ額ハ法律之ヲ定ム

第二百一條　日本聯邦ノ租税ハ聯邦立法院ノ議ヲ經ルニ非サレハ一モ徴收ス
　　ルヲ得ス

第二百二條　日本聯邦ノ租税ハ毎年一回聯邦立法院ニ於テ議定ス

　　　第十一編　國　　金

第二百三條　日本聯邦ノ金錢ハ日本國憲法ニ依ルニ非サレハ之ヲ使用シ之ヲ
　　消費スルヲ得ス

　　　第十二編　財　　政

第二百四條　日本國憲法ニ依ルニ非サレハ聯邦行政府ハ國債ヲ起スヲ得ス

第二百五條　日本國憲法ニ依ラサレハ聯邦行政府ハ諸債ノ保証ニ立ツコトヲ
　　得ス

　　　第十三編　會　　計

第二百六條　毎年一切ノ出納ハ豫算表竝ニ精算表ニ掲ケテ必ス國家ニ告示ス

　　　第十四編　用　　兵

第二百七條　軍兵ハ日本國憲法ヲ護衛スルモノトス

第二百八條　國家ノ兵權ハ皇帝ニ在リ

第二百九條　國軍ノ大元帥ハ皇帝ト定ム

第二百十條　國軍ノ將校ハ皇帝之ヲ撰任ス

第二百十一條　常備兵ハ法則ニ從ヒ皇帝ヨリ民衆中ニ募リテ之ニ應スル者ヲ
　　用ユ

第二百十二條　常備軍ヲ監督スルハ皇帝ニ在リ

　　非常ノコトアルニ際シテハ皇帝ハ常備軍ノ外ニ於テ軍兵ヲ募リ志願ニ隨フ
　　テ之レヲ用フルヲ得

第二百十三條　他國ノ兵ハ聯邦立法院ノ議ヲ經ルニ非サレハ雇使スルヲ得ス

第3章 校訂・日本国国憲案　81

　　第十五編　外國人歸化

第二百十四條　日本國ハ外國人ノ歸化ヲ許ス

　　第十六編　特　　法

第二百十五條　内外戰乱アルトキニ限リ其ノ地ニ於テハ一時人身自由住居自
　由言論出版自由集會結社自由等ノ權利ヲ行フカヲ制シ取締ノ規則ヲ立ツル
　コトアルヘシ其ノ時機ヲ終ヘハ必ス直ニ之ヲ廢セサルヲ得ス

第二百十六條　戰乱ノ為ニ已ムヲ得サルコトアレハ相當ノ償ヲ為シテ民人ノ
　私有ヲ收用シ若クハ之ヲ滅盡シ若クハ之ヲ消費スルコトアルヘシ其ノ最モ
　急ニシテ豫メ本人ニ照會シ豫メ償ヲ為スコト暇ナキトキハ後ニテ其ノ償ヲ
　為スヲ得

第二百十七條　戰乱アルノ場合ニハ其ノトキニ限リ已ムヲ得サルコトノミ法
　律ヲ置格スルコトアルヘシ

　　第十七編　鐵道電信陸路水利

第二百十八條　新ニ鐵道ヲ造リ電信ヲ架シ陸路ヲ啓キ水利ヲ通スル等ノコト
　ハ聯邦立法院ノ通常會議ニ於テ之ヲ議スルヲ得ス聯邦立法議員特別ノ會議
　ヲ以テ之ヲ定ムルヲ得議員過半數ノ同意アルモノハ之ヲ行フコトヲ得

　　第十八編　憲　法　改　正

第二百十九條　日本國憲法ヲ添刪改正スルトキハ必ス聯邦立法會議ニ於テ之
　ヲ定ム

第二百二十條　憲法改正ノ議事ハ其ノ日ノ出席聯邦立法議員數如何ニ関セス
　聯邦立法議員總數ノ過半數ノ同意ニ非サレハ決定スルヲ得ス

　　附　　則

第二百二十一條　日本國憲法施行ノ日ヨリ一切ノ法律條例布告等ノ日本國憲
　法ニ抵觸スルモノハ皆之ヲ廢ス

第4章　植木枝盛関連図書目録

4.1　はじめに

　本章には、日本国国憲案の起草者である植木枝盛を知るためのツールとして、「植木枝盛関連図書目録」を収めた。植木の思想や業績の解明があってこそ、日本国国憲案の精神や理念が正確に理解されると考えるからである。本図書目録により、植木の考察はもちろん、日本国国憲案の研究が一層進展することを切に希望するものである。

　なお、戦前の文献については、すでに植木研究の権威・外崎光広による『植木枝盛研究資料目録』（平和資料館・草の家、2001）という、ほぼ完璧な書誌が存するので、そちらに譲り（ちなみに、同書には戦後の文献も収められているが、戦前のそれに比べると、かなり見劣りしたものとなっている）、本図書目録には戦後の図書を収録することにした。

　図書の情報を収集するに当たっては、国立国会図書館及び国立情報学研究所の各種オンラインデータベース、並びに Google ブックス等を利用させていただいた他、神奈川県立図書館、川崎市立中原図書館、関東学院大学図書館本館・同金沢文庫分館・同室の木分館、国立国会図書館東京本館、鶴見大学図書館、東京都立中央図書館、法政大学市ケ谷図書館・同多摩図書館、明治学院大学白金校舎図書館、横浜市中央図書館・同金沢図書館・同保土ケ谷図書館、早稲田大学所沢図書館（以上、五十音順）に大変お世話になった。衷心より感謝申し上げる次第である。

84　第Ⅱ部　資　　料

《凡　　例》

* 本図書目録には、1945（昭和20）年11月から2015（平成27）年12月までに日本の出版者から出版された日本語の図書で、植木枝盛をテーマとしたものはもちろん、植木の思想や業績について多少なりとも言及している図書を幅広く収めた。ただし、書誌という性格上、原則として辞書、事典、年鑑、年表、学校用教科書、学習参考書・問題集等は収録しなかった。

* 図書は、「植木自身の著作」「研究書、一般書、書誌等」「小説関連」及び「漫画」の４項目に大別した。ただし、「漫画」の形態を取っていても、研究・学習用の図書については、「研究書、一般書、書誌等」に分類した。また、ごくわずかではあるが、雑誌も収録した。

* 書誌的事項は、タイトル、責任表示（著者、編者、訳者、監修者等）、出版者、出版年、注記としたが、記録の方法は必ずしも統一されていない。

* 排列は、各項目ごとに出版年の順とした。出版年が同一の時はタイトルの五十音順（同一の統一タイトルに巻次が付されている時は巻次順）とし、タイトルも同一の時は著者名等の五十音順とした。

* 五十音順については、日本図書館協会目録委員会編『日本目録規則（1987年版改訂3版）』日本図書館協会、2006の「排列総則」（pp.360-362）に拠った。

＊　　　　　＊　　　　　＊

　植木枝盛の略歴は、次のとおりである（臼井勝美［ほか］編『日本近現代人名辞典』吉川弘文館、2001、p.132――家永三郎執筆）。

うえきえもり　植木枝盛　一八五七－九二　明治時代前期の自由民権家。安政四年（一八五七）正月二十日に高知藩士の家に生まれ、藩校致道館で漢学等を学び、明治七年（一八七四）板垣退助の演説をきいて政治思想に目を開いた。同八年東京において明六社・三田演説会・キリスト教会などに出入りして、近代西洋思想を学び、次第に民権論者として活動し始めた。九年『郵便報知新聞』に投じた文章が官憲の忌諱にふれ、禁獄の刑に処せられたが、かえって民権の志を強くし、十年高知に帰って立志社に加わり、立志社建白書の草稿を起草した。十一年

第4章　植木枝盛関連図書目録　85

に各地方遊説の途にのぼり、ついで、自主的地方民会として設立された土佐州会の議員に選ばれ、地方自治の確立に尽力した。同年から十三年にかけ、愛国社の再興、国会期成同盟の結成などに参加し、十三年末の有志による自由党結成、十四年の政党としての自由党結成にそれぞれ参画した。その間これらの組織関係の重要文書の起草にしばしばあたったが、特に十四年夏立志社草案として起草した私擬憲法「日本国国憲案」は、この前後に官民間で相ついで作られた数十にのぼる憲法草案のなかでも、もっとも徹底した民主主義の精神を示している。十四年十一月全国の酒造人に檄文を送り、翌年五月には官憲の禁をおかして京都で酒屋会議を開き、増税反対の議決を行わせた。植木は早くから板垣のブレーンであった関係上、自由党ではいわゆる土佐派の一人として行動したが、十七年には村松愛蔵のために檄文を草し、のちに飯田事件の蜂起の檄文に用いられており、土佐派の域をはみ出していたと見られるふしもある。十七年自由党が解党すると、高知に帰り、十九年から二十一年まで高知県会議員として県政民主化のために力をつくすかたわら、婦人解放・風俗改良など、従来の政治運動よりはさらにはばの広い啓蒙運動を開始した。二十三年愛国公党の創立にあずかり、第一回衆議院議員総選挙に立候補して当選したが、二十四年三月の第一回帝国議会で、いわゆる土佐派二十九議員の一人として予算案に関し民党を裏切る行動に出て、自由党を脱会した。同年十二月第二回議会で衆議院が解散されたのち、自由党に復帰したが、その直後に発病し、二十五年一月二十三日東京で没す。三十六歳、他殺の疑いがある。少年時代より文筆に長じ、民権派の機関紙『愛国志林』（のち『愛国新誌』）『高知新聞』『土陽新聞』などを主宰し、数多くの論説で紙面をかざったほかに、『民権自由論』『民権自由論二篇甲号』『天賦人権弁』『一局議院論』『報国纂録』『東洋之婦女』などの単行著作もある。板垣退助の論を筆記したという名で公にされた『無上政法論』も、植木の著作とみてよく、世界政府による軍備全廃をめざす珍しい着想を示している。『民権数へ歌』や『自由詞林』など、民権思想を詩歌に表現した作品もあり、口語体の駆使と相まち、文芸史にも足跡をのこした。また日記として、『植木枝盛日記』がある。

86　第Ⅱ部　資　　料

4.2　植木自身の著作

	タイトル	責任表示	出版者	出版年	注　記
＊	言論自由論・勃爾咢ヲ殺ス	植木枝盛原著；鈴木安蔵解題	實業之日本社	1948	シリーズ名：近代日本文化叢書
＊	日本現代詩大系. 第1巻		河出書房	1950	各巻タイトル：創成期. 内容：自由詞林；民權田舍歌／植木枝盛著　ほか
＊	植木枝盛日記	高知新聞社編	高知新聞社	1955	
＊	明治文化全集. 第2巻	明治文化研究會編	日本評論新社	1955	改版. 各巻タイトル：自由民權篇. 内容：天賦人權辨／植木枝盛著　ほか. 解題／下出隼吉等著. 自由民權文献年表あり
＊	明治文化全集. 第3巻	明治文化研究會編	日本評論新社	1955	改版. 各巻タイトル：政治篇. 内容：通俗無上政法論／板垣退助立案；植木枝盛記述；和田稲積編輯、一局議院論；國會組織國民大會議／植木枝盛著　ほか. 解題／下出隼吉等著
＊	日本解放詩集：夜あけの時代	壺井繁治、遠地輝武編	青木書店	1956	シリーズ名：青木文庫. 内容：民權田舍歌／植木枝盛著　ほか
＊	日本哲學思想全書. 第3巻	三枝博音、清水幾太郎編	平凡社	1956	各巻タイトル：思想・イデオロギー篇. 内容：猿人君主／植木枝盛著　ほか
＊	人は話す力をもっている：話し方の基本	石井満著	精華學園出版部	1956	内容：植木枝盛の『言論自由論』ほか
＊	明治文化全集. 第14巻	明治文化研究會編	日本評論新社	1956	改版. 各巻タイトル：自由民權篇：続. 内容：植木枝盛自敍傳（明治二十三年）／植木枝盛著ほか. 解題／西田長寿等著

第4章　植木枝盛関連図書目録　　87

	タイトル	責任表示	出版者	出版年	注　記
＊	植木枝盛家族制度論集	外崎光広編	高知市立市民図書館	1957	シリーズ名：市民叢書；7．内容：老人論／植木枝盛著　他40篇
＊	自由民權思想．中		青木書店	1957	シリーズ名：資料日本社会運動思想史；明治前期　第2集．青木文庫．内容：家永三郎、庄司吉之助編ならびに解説；植木枝盛著作集－戦は天に対して大罪あること雑えたり万国統一の会所なかるべからざること；自由は鮮血を以て買わざる可らざる論；極論今政；世に良政府なる者なきの説；民権は憲法の奴隷に非ず；国家主権論；酒屋会議広告文；集会結社並に交通の自由を論ず；兵の本意；徴兵適齢懇親会；国家及国民的の文字；尊人説；無神論；鼠小僧の墓に詣りての演説；貧民論／植木枝盛著．解説／家永三郎著．植木枝盛著作目録／家永三郎編　ほか
＊	日本哲學思想全書．第17巻	三枝博音、清水幾太郎編	平凡社	1957	各巻タイトル：政治・經濟；政治・法律篇．内容：通俗無上政法論／板垣退助、植木枝盛著　ほか
＊	無天雑録：未定稿	植木枝盛遺稿；森下菅根編校	弘文堂書店	1957	限定版
＊	無天雑録：附録拾遺	植木枝盛著；森下菅根編	弘文堂書店	1958	
＊	明治文化全集．第16巻	明治文化研究會編	日本評論新社	1959	改版．各巻タイトル：婦人問題篇．内容：東洋之婦女；売淫公許の事を論ず／植木枝盛著　ほか

88　第Ⅱ部 資　　料

タイトル	責任表示	出版者	出版年	注　記
＊　植木枝盛日記. 続	家永三郎編	高知新聞社	1960	
＊　植木枝盛婦人解放論集	外崎光広編	高知市立市民図書館	1963	シリーズ名：市民叢書；18
＊　近代史史料	大久保利謙等編	吉川弘文館	1965	
＊　現代日本思想大系. 第3		筑摩書房	1965	各巻タイトル：民主主義／家永三郎編. 内容：民権自由論；日本国国憲案；飯田事件檄文；植木枝盛単文集／植木枝盛著ほか. 解説：日本の民主主義／家永三郎著
＊　青春の記録. 第4		三一書房	1967	各巻タイトル：明日への絶唱－理想と情熱／むのたけじ編. 内容：無天雑録／植木枝盛著　ほか
＊　明治前期の憲法構想	家永三郎［ほか］編	福村出版	1967	内容：日本国憲法；日本国国憲案／植木枝盛著ほか. 付：解説
＊　資料日本社会運動思想史. 明治期；第1巻	資料日本社会運動思想史編纂委員会編	青木書店	1968	特装版. 植木枝盛著作目録あり. 内容：植木枝盛著作集／植木枝盛著　ほか
＊　日本史ノート	遠藤元男著	朝倉書店	1968	内容：史料［政体書・植木枝盛の『立憲政体弁』］ほか
＊　近代日本教育論集. 第2		国土社	1969	各巻タイトル：社会運動と教育／坂元忠芳、柿沼肇編・解説. 監修：海後宗臣、波多野完治、宮原誠一. 内容：立志社設立之趣意書；立志学舎趣意書；教育ハ自由ニセサル可カラス／植木枝盛著ほか. 付：解説

第 4 章　植木枝盛関連図書目録　　89

タイトル	責任表示	出版者	出版年	注　記
＊　近代日本教育論集. 第5		国土社	1969	各巻タイトル：児童観の展開／横須賀薫編. 監修：海後宗臣、波多野完治、宮原誠一. 内容：親子論／植木枝盛著　ほか. 付：解説
＊　現代日本記録全集. 5		筑摩書房	1969	各巻タイトル：新思想の胎動／鹿野政直編集. 内容：民権家への目ざめ－植木枝盛日記／植木枝盛著　ほか
＊　家庭改革・婦人解放論	植木枝盛著；外崎光広編	法政大学出版局	1971	
＊　日本近代文学大系. 53		角川書店	1972	各巻タイトル：近代詩集；1／笹淵友一解説；小川和佑［等］注釈. 内容：植木枝盛集／植木枝盛著；小川和佑注釈　ほか
＊　青春の記録. 4		三一書房	1973	各巻タイトル：明日への絶唱. 新装版. 内容：無天雑録／植木枝盛著　ほか
＊　明治文学全集. 12		筑摩書房	1973	各巻タイトル：大井憲太郎、植木枝盛、馬場辰猪、小野梓集／家永三郎編. 内容：民権自由論；民権自由論二編甲号；赤穂四十七士論；貧富の懸隔する所以を論ず；無上政法論；無上政法論ヲ補周ス；憲法草案；民権数ヘ歌；尊人論；愚夫愚婦ノ説／植木枝盛著　ほか

90　第Ⅱ部　資　　料

タイトル	責任表示	出版者	出版年	注　記
＊　植木枝盛選集	家永三郎編	岩波書店	1974	シリーズ名：岩波文庫；青-107-1. 内容：世に良政府なる者なきの説；民権自由論；無上政法論；東洋大日本国国憲案；貧民論；男女の同権；如何なる民法を制定す可き耶；植木枝盛自叙伝／植木枝盛著. 評伝・回想.〈評伝〉植木枝盛－横山又吉（黄木山樵）翁談話要旨. 解説／家永三郎著
＊　資料日本現代教育史. 4	宮原誠一[等]編	三省堂	1974	各巻タイトル：戦前
＊　日本現代詩大系. 第1巻		河出書房新社	1974	各巻タイトル：創成期／山宮允編. 河出書房昭和25年刊の復刊. 内容：自由詞林；民権田舎歌／植木枝盛著　ほか
＊　無天雑録	植木枝盛著；家永三郎、外崎光広編	法政大学出版局	1974	底本：高知市民図書館蔵本. 植木枝盛の肖像あり
＊　近代日本思想大系. 30		筑摩書房	1976	各巻タイトル：明治思想集：1／松本三之介編集・解説. 内容：民権自由論；民権自由論二編甲号；人民ノ国家ニ対スル精神ヲ論ズ／植木枝盛著ほか
＊　子育ての書. 3	山住正己、中江和恵編注	平凡社	1976	シリーズ名：東洋文庫；297. 内容：育幼論／植木枝盛著　ほか
＊　日本憲法史	筒井若水[ほか]編	東京大学出版会	1976	シリーズ名：法律学教材. 内容：植木枝盛の日本国国憲案（抄）　ほか
＊　日本婦人問題資料集成. 第2巻		ドメス出版	1977	各巻タイトル：政治／市川房枝編集・解説

第 4 章　植木枝盛関連図書目録　　91

	タイトル	責任表示	出版者	出版年	注　記
＊	日本哲学思想全書. 第3巻	三枝博音、清水幾太郎編	平凡社	1979	第2版. 各巻タイトル：思想・イデオロギー篇. 内容：猿人君主／植木枝盛著　ほか
＊	鶯蛬新報（静岡）：普通教育論（植木枝盛）：解説と資料	国民教育研究所・「自由民権運動と教育」研究会編	［国民教育研究所・「自由民権運動と教育」研究会］	［1981］	シリーズ名：自由民権運動と教育資料. 解説／田嶋一、黒崎勲著
＊	日本哲学思想全書. 第17巻	三枝博音、清水幾太郎編	平凡社	1981	第2版. 各巻タイトル：政治・経済；政治・法律篇. 内容：通俗無上政法論／板垣退助、植木枝盛著　ほか
＊	維新後道徳の頽廃せしことを論ず：教育論・道徳論・廃娼論	植木枝盛著；外崎光広編	法政大学出版局	1982	
＊	日本人の自伝. 2		平凡社	1982	各巻タイトル：植木枝盛・馬場辰猪・田中正造・玉水常治・松山守善. 解説／色川大吉著. 植木枝盛ほかの肖像あり. 植木枝盛ほか略年譜あり. 内容：植木枝盛自叙伝／植木枝盛著　ほか
＊	海南新誌・土陽雑誌・土陽新聞	家永三郎［ほか］解説・解題	弘隆社	1983	
＊	史料日本の死刑廃止論	辻本義男編著	成文堂	1983	
＊	原典・解説日本教育史	鈴木博雄編著	日本図書文化協会	1985	
＊	史料日本近現代史. 1	中村尚美［ほか］編	三省堂	1985	各巻タイトル：近代日本の形成－開国～大逆事件
＊	史料日本近現代史. 2	中村尚美［ほか］編	三省堂	1985	各巻タイトル：大日本帝国の軌跡－大正デモクラシー～敗戦

92　第Ⅱ部 資　　料

タイトル	責任表示	出版者	出版年	注　記
＊　史料日本近現代史. 3	中村尚美［ほか］編	三省堂	1985	各巻タイトル：戦後日本の道程-占領～現在
＊　明治前期の憲法構想	家永三郎［ほか］編	福村出版	1985	増訂版. 内容：日本国憲法：日本国国憲案／植木枝盛著　ほか. 付：解説. 増補解説：最近の研究成果について
＊　土佐自由民権資料集	外崎光広編	高知市文化振興事業団	1987	土佐自由民権資料目録あり
＊　明治前期の憲法構想	家永三郎［ほか］編	福村出版	1987	増訂版第2版. 内容：日本国憲法；日本国国憲案／植木枝盛著　ほか. 付：解説. 増補解説：最近の研究成果について
＊　日本近代思想大系. 2	加藤周一［ほか］編	岩波書店	1988	各巻タイトル：天皇と華族／遠山茂樹校注
＊　日本近代思想大系.12	加藤周一［ほか］編	岩波書店	1988	各巻タイトル：対外観／芝原拓自［ほか］校注
＊　日本近代思想大系. 4	加藤周一［ほか］編	岩波書店	1989	各巻タイトル：軍隊・兵士／由井正臣［ほか］校注
＊　日本近代思想大系. 9	加藤周一［ほか］編	岩波書店	1989	各巻タイトル：憲法構想／江村栄一校注. 内容：日本国国憲案／植木枝盛著　ほか. 解説－幕末明治前期の憲法構想／江村栄一著
＊　日本近代思想大系.20	加藤周一［ほか］編	岩波書店	1989	各巻タイトル：家と村／海野福寿、大島美津子校注
＊　日本近代思想大系.21	加藤周一［ほか］編	岩波書店	1989	各巻タイトル：民衆運動／安丸良夫、深谷克己校注
＊　日本国憲法資料集	樋口陽一、大須賀明著	三省堂	1989	第2版

第4章 植木枝盛関連図書目録 93

タイトル	責任表示	出版者	出版年	注 記
＊ アジアと近代日本：反侵略の思想と運動	伊東昭雄編著	社会評論社	1990	シリーズ名：思想の海へ「解放と変革」：11．内容：植木枝盛「琉球の独立せしむべきを論ず」ほか
＊ 植木枝盛集．第1巻	植木枝盛著；家永三郎［ほか］編	岩波書店	1990	各巻タイトル：民権自由論ほか．著者の肖像あり．内容：民権自由論；赤穂四十七士論；言論自由論；板垣政法論；無上政法論ヲ補周ス；民権自由論二編甲号；天賦人権弁；一局議院論；自由詞林／植木枝盛著．解題／家永三郎著
＊ 植木枝盛集．第2巻	植木枝盛著；家永三郎［ほか］編	岩波書店	1990	各巻タイトル：東洋之婦女ほか．著者の肖像あり．内容：国会組織国民大会議；目下之大問題条約改正如何；東洋之婦女；『東洋之婦女』関係新聞論説；婦女が生意気になるとの言に就て論ず；婦人の責任；民法上に就き夫婦の不同権を論ず；刑法上に就き夫婦の不同権を論ず；相続法に就き男女の不同権を論ず；男女同権／植木枝盛著．解題／家永三郎著
＊ 植木枝盛集．第3巻	植木枝盛著；家永三郎［ほか］編	岩波書店	1990	各巻タイトル：新聞雑誌論説．1．著者の肖像あり
＊ 植木枝盛集．第4巻	植木枝盛著；家永三郎［ほか］編	岩波書店	1990	各巻タイトル：新聞雑誌論説；2．著者の肖像あり
＊ 植木枝盛集．第5巻	植木枝盛著；家永三郎［ほか］編	岩波書店	1990	各巻タイトル：新聞雑誌論説；3

94　第Ⅱ部　資　　料

	タイトル	責任表示	出版者	出版年	注　記
＊	植木枝盛集. 第7巻	植木枝盛著；家永三郎［ほか］編	岩波書店	1990	各巻タイトル：日記；1
＊	植木枝盛集. 第8巻	植木枝盛著；家永三郎［ほか］編	岩波書店	1990	各巻タイトル：日記；2．内容：植木枝盛日記；2（明治18-25年）；購求書目記；閲読書目記／植木枝盛著. 解題／川崎勝著
＊	日本近代思想大系. 6	加藤周一［ほか］編	岩波書店	1990	各巻タイトル：教育の体系／山住正己校注
＊	日本近代思想大系. 11	加藤周一［ほか］編	岩波書店	1990	各巻タイトル：言論とメディア／松本三之介、山室信一校注
＊	日本近代思想大系. 22	加藤周一［ほか］編	岩波書店	1990	各巻タイトル：差別の諸相／ひろたまさき校注
＊	日本国憲法：資料と判例. 1	現代憲法研究会編	法律文化社	1990	各巻タイトル：憲法の歴史・平和・主権と統治機構
＊	反天皇制：「非国民」「大逆」「不逞」の思想	加納実紀代、天野恵一編著	社会評論社	1990	シリーズ名：思想の海へ「解放と変革」；16．内容：植木枝盛「民権田舎歌」 ほか
＊	植木枝盛集. 第6巻	植木枝盛著；家永三郎［ほか］編	岩波書店	1991	各巻タイトル：日本国国憲案ほか
＊	植木枝盛集. 第9巻	植木枝盛著；家永三郎［ほか］編	岩波書店	1991	各巻タイトル：日記；3．内容：無天雑録；天狗経／植木枝盛著. 解題／川崎勝著
＊	植木枝盛集. 第10巻	植木枝盛著；家永三郎［ほか］編	岩波書店	1991	各巻タイトル：書簡・関係資料ほか. 植木文庫図書目録. 略年譜. 著作年譜. 植木枝盛日記人名索引. 内容：自叙伝・立志社始末記要ほか；書簡／植木枝盛著. 解題／家永三郎ほか著

第4章 植木枝盛関連図書目録 95

タイトル	責任表示	出版者	出版年	注　記
＊ 自由自治元年の夢：自由党・困民党	井出孫六編著	社会評論社	1991	シリーズ名：思想の海へ「解放と変革」；7．内容：植木枝盛「民権自由論」ほか
＊ 水平＝人の世に光あれ	沖浦和光編著	社会評論社	1991	シリーズ名：思想の海へ「解放と変革」；18．内容：植木枝盛「穢多の蔑視は天下の公道に背く」ほか
＊ 日本近代思想大系. 13	加藤周一［ほか］編	岩波書店	1991	各巻タイトル：歴史認識／田中彰、宮地正人校注
＊ 土佐うみやまの書	山田一郎著	高知新聞社	1992	内容：自叙伝・日記／植木枝盛著　ほか
＊ 明治文化全集. 第6巻	明治文化研究会編	日本評論社	1992	複製．各巻タイトル：自由民権篇；下．内容：植木枝盛自叙伝（明治23年刊）／植木枝盛著. 解題／西田長寿ほか著
＊ 日本平和論大系. 1	家永三郎責任編集	日本図書センター	1993	各巻タイトル：安藤昌益・植木枝盛・中江兆民・北村透谷. 内容：戦ハ　天ニ対シテ大罪アルコト雑ヘタリ万国統一ノ会所ナカルベカラザルコト／植木枝盛著　ほか. 解説／家永三郎著
＊ 条約改正論資料集成. 2	稲生典太郎編	原書房	1994	シリーズ名：明治百年史叢書；第426巻．内容：条約改正如何／植木枝盛著　ほか
＊ 史料で語る四国の部落史. 近代篇	四国部落史研究協議会編	明石書店	1994	
＊ ニュースで追う明治日本発掘. 2	鈴木孝一編	河出書房新社	1994	
＊ 児童観の展開	横須賀薫編	久山社	1997	シリーズ名：日本〈子どもの歴史〉叢書；3／上笙一郎編．国土社1969年刊の複製．内容：親子論／植木枝盛著　ほか

96　第Ⅱ部　資　　料

タイトル	責任表示	出版者	出版年	注　記
＊　日本史史料. 4	歴史学研究会編	岩波書店	1997	各巻タイトル：近代
＊　司馬遼太郎が語る雑誌言論一〇〇年	司馬遼太郎他著	中央公論社	1998	内容：人民の国家に対する精神を論ず／植木枝盛著　ほか
＊　新日本古典文学大系. 明治編；12	佐竹昭広［ほか］編	岩波書店	2001	各巻タイトル：新体詩聖書讃美歌集／阿毛久芳［ほか］校注. 参考文献あり. 内容：自由詞林／植木枝盛著　ほか
＊　日本国憲法：資料と判例. 1	現代憲法研究会編	法律文化社	2001	6訂版. 各巻タイトル：憲法の歴史・平和・主権と統治機構
＊　歴史史料大系. 第3巻	歴史教科書教材研究会編	学校図書出版	2001	各巻タイトル：立憲国家への道
＊　政治小説集. 1	山田俊治、林原純生校注	岩波書店	2001	シリーズ名：新日本古典文学大系；明治編16
＊　日本近代法案内：ようこそ史料の森へ：『新・日本近代法論』史料編	山中永之佑編	法律文化社	2003	内容：日本国々憲案（抄）／植木枝盛著　ほか
＊　明治前期の憲法構想	家永三郎［ほか］編	福村出版	2005	新編
＊　新体詞選／自由詞林	山田美妙編；植木枝盛著	人間文化研究機構国文学研究資料館	2007	シリーズ名：リプリント日本近代文学；85. 底本：山梨大学附属図書館近代文学文庫所蔵. 影印
＊　近現代日本を史料で読む：「大久保利通日記」から「富田メモ」まで	御厨貴編著	中央公論新社	2007	シリーズ名：中公新書；2107
＊　日本近現代法史（資料・年表）	藤田正、吉井蒼生夫編著	信山社出版	2007	
＊　民権自由論二編	植木枝盛著	高知県立図書	2012	
＊　原典でよむ日本デモクラシー論集	堀真清編	岩波書店	2013	シリーズ名：岩波現代全書；006. 内容：民権田舎歌；日本国国憲案／植木枝盛著　ほか

	タイトル	責任表示	出版者	出版年	注　記
＊	資料集成近代日本語〈形成と翻訳〉．第11巻	川戸道昭、榊原貴教編著	大空社	2015	複製．各巻タイトル：史料編．内容：民権自由論；民権自由論甲号／植木枝盛著　ほか
＊	日本近現代法史〈資料・年表〉	藤田正［ほか］編著	信山社出版	2015	第2版

4.3　研究書、一般書、書誌等

	タイトル	責任表示	出版者	出版年	注　記
＊	明治法制叢考	小早川欣吾著	京都印書館	1945	
＊	憲法と自由民権	鈴木安蔵著	永美書房	1946	
＊	民主憲法の構想	鈴木安蔵著	光文社	1946	シリーズ名：光文新書；3
＊	日本の自由民権	田中惣五郎著	雄山閣	1947	シリーズ名：歴史新書；第2．内容：植木枝盛の自由民権思想と天皇制、英國流の混濁　ほか
＊	婦人問題：思想的根據	本間久雄著	東京堂	1947	
＊	自由民権	鈴木安蔵著	白揚社	1948	
＊	日本政治の変革過程	社會主義教育協會［著］	三元社	1948	シリーズ名：社會主義講座；第7巻（政治3）
＊	明治憲法の成立	上杉重二郎著	中央公論社	1948	シリーズ名：新日本史講座；資本主義時代
＊	歴史を創る人々	嘉治隆一著	大八洲	1948	内容：植木枝盛のことほか
＊	自由民権家とその系譜	田中惣五郎著	國土社	1949	
†	日本における近代政治學の発達	岡山政道著	實業之日本社	1949	内容：批判的啓蒙思想の特徴－植木枝盛　ほか
＊	近代日本の教養人：日夏耿之介博士華甲記念文集	辰野隆編	實業之日本社	1950	内容：植木枝盛に就いての覺書／山宮允著　ほか
＊	黙移	相馬黒光著	東和社	1950	
＊	自由民権運動	井上清著	中央公論社	1951	シリーズ名：新日本講座；資本主義時代

98　第Ⅱ部　資　　料

	タイトル	責任表示	出版者	出版年	注　記
＊	日本政治思想史研究	丸山眞男著	東京大學出版會	1952	
＊	明治維新論	遠山茂樹著	中央公論社	1952	シリーズ名：新日本史講座
＊	土佐人物抄記	平尾道雄著	高知市	1953	シリーズ名：郷土叢書；第3集. 内容：植木枝盛ほか
＊	日本近代思想史研究	家永三郎著	東京大學出版會	1953	
＊	岩波講座文學. 第5巻		岩波書店	1954	
＊	高知史跡城西・城北コース	橋詰延寿著	高知市中央公民館友の会	1954	内容：植木枝盛邸跡　ほか
＊	高知新聞五十年史	高知新聞社史編纂委員會編	高知新聞社	1954	
＊	日本道徳思想史	家永三郎著	岩波書店	1954	シリーズ名：岩波全書
＊	植木枝盛自筆の「日本憲法」：日本の明治期における近代法成立史序説	井上和夫著	井上和夫	1955	
＊	革命思想の先驅者：植木枝盛の人と思想	家永三郎著	岩波書店	1955	シリーズ名：岩波新書；青版-224. 植木枝盛ほかの肖像あり. 参考文献あり. 略年譜あり
＊	條約改正：明治の民族問題	井上清著	岩波書店	1955	シリーズ名：岩波新書
＊	数奇なる思想家の生涯：田岡嶺雲の人と思想	家永三郎著	岩波書店	1955	シリーズ名：岩波新書；青版
＊	文學五十年	片岡良一、中島健蔵監修	時事通信社	1955	
＊	法制史研究		創文社	1955	シリーズ名：法制史學會年報. 内容：植木枝盛自筆の「日本憲法」／井上和夫著
＊	立志社と民權運動	平尾道雄著	高知市立市民図書館	1955	シリーズ名：市民新書

第 4 章　植木枝盛関連図書目録　　99

	タイトル	責任表示	出版者	出版年	注　記
＊	家族制度からの解放：家庭の幸福と民主主義を守る	外崎光広著	高知市立市民図書館	1956	シリーズ名：市民新書
＊	近代日本思想史. 第1巻	近代日本思想史研究會著	青木書店	1956	内容：自由民權の思想／土方和雄著　ほか
＊	日本人の思想の歩み	家永三郎編著	理論社	1956	シリーズ名：私の大学・社会思想講座・20世紀の思想とモラル：第4
＊	日本歴史講座. 第5巻	歴史學研究會、日本史研究會編	東京大學出版會	1956	各巻タイトル：近代の展開. 内容：民權運動について／下山三郎著　ほか
＊	明治憲法の出来るまで	大久保利謙著	至文堂	1956	シリーズ名：日本歴史新書
＊	歴史と教育：深まり行く歴史の危機に面して	家永三郎著	大月書店	1956	内容：教育の危機をめぐる問題　他3篇
＊	歩みの跡：北米大陸日本人開拓物語	藤岡紫朗著	歩みの跡刊行後援会	1957	
＊	北佐久郡志. 第3巻	北佐久郡志編纂会編	北佐久郡志編纂会	1957	
＊	日本国憲法の構造	中村哲著	御茶の水書房	1957	
＊	明治史研究叢書. 第4集	明治史料研究連絡会編	御茶の水書房	1957	各巻タイトル：民権論からナショナリズムへ. 内容：植木枝盛の人民主権論－自由民権運動の理論的指導者／鈴木安蔵著ほか. 解説／家永三郎著
＊	近代日本の社会科学と早稲田大学	早稲田大学七十五周年記念出版社会科学部門編纂委員会編	早稲田大学社会科学研究所	1957	
＊	植木枝盛的生平及其思想	家永三郎著；馬斌、童軻譯	商務印書館	1958	家永三郎著「革命思想の先駆者：植木枝盛の人と思想」（1955年岩波書店刊）の翻訳

100　第Ⅱ部　資　　料

タイトル	責任表示	出版者	出版年	注　記
＊　大隈文書. 第1巻	大隈重信著；早稲田大学社会科学研究所編	早稲田大学社会科学研究所	1958	
＊　郷土研究講座. 第8巻	西岡虎之助等監修	角川書店	1958	各巻タイトル：研究の方法：下
＊　慶応義塾百年史. 上巻		慶応義塾	1958	
＊　土佐藩憲政思想成立史	高橋信司著	高知市立市民図書館	1958	シリーズ名：市民叢書
＊　中江兆民	土方和雄著	東京大学出版会	1958	シリーズ名：近代日本の思想家：第2
＊　日本近代思想の論理	大井正著	合同出版社	1958	
＊　明治維新史研究講座. 第5巻	歴史学研究会編	平凡社	1958	各巻タイトル：明治十年－憲法発布
＊　妾の半生涯	福田英子著	岩波書店	1958	シリーズ名：岩波文庫
＊　植木枝盛：研究入門	高知市民図書館［編］	［高知市民図書館］	［1959］	シリーズ名：文献・資料目録：8
＊　加藤弘之	田畑忍著	吉川弘文館	1959	［新装版］. シリーズ名：人物叢書. 内容：植木枝盛肖像　ほか
＊　近代日本思想史講座. 第1	伊藤整等編	筑摩書房	1959	各巻タイトル：歴史的概観／家永三郎編. 内容：近代思想の誕生と挫折／家永三郎、猪野謙二著ほか
＊　現代政治の条件	松下圭一著	中央公論社	1959	
＊　講座現代倫理. 第11巻		筑摩書房	1959	各巻タイトル：転換期の倫理思想(日本). 内容：自由民権思想の論理／羽鳥卓也著　ほか
＊　自由民権期の研究. 第1巻	堀江英一、遠山茂樹編	有斐閣	1959	各巻タイトル：民権運動の発展
＊　日本近代教育史：明治の国家と教育	堀松武一著	理想社	1959	

第4章 植木枝盛関連図書目録 101

	タイトル	責任表示	出版者	出版年	注 記
＊	日本近代思想の成立	岩井忠熊著	創元社	1959	シリーズ名：創元歴史選書
＊	日本近代社会思想史	岸本英太郎、小山弘健編著	青木書店	1959	日本近代社会思想史文献あり
＊	日本政社政党発達史：福島県自由民権運動史料を中心として	庄司吉之助著	御茶の水書房	1959	
＊	明治維新史研究講座.第6巻	歴史学研究会編	平凡社	1959	各巻タイトル：明治維新史史料・文献目録、明治維新史研究講座総索引
＊	歴史と現代	家永三郎著	弘文堂	1959	
＊	植木枝盛研究	家永三郎著	岩波書店	1960	附論：自由民権に関する新史料紹介. 植木枝盛年譜あり. 植木枝盛著作年表あり
＊	近代日本思想史講座.第6	伊藤整等編	筑摩書房	1960	各巻タイトル：自我と環境／小田切秀雄編. 内容：忠誠と反逆／丸山真男著 ほか
＊	日本人物史大系. 第5巻		朝倉書店	1960	各巻タイトル：近代；第1／小西四郎編
＊	日本人物史大系. 第6巻		朝倉書店	1960	各巻タイトル：近代；第2／大久保利謙編
＊	日本の救貧制度	日本社会事業大学救貧制度研究会編	勁草書房	1960	
＊	婦人のあゆみ八十年	日本婦人団体連合会編	新読書社	1960	
＊	法律史	鈴木安蔵著	東洋経済新報社	1960	シリーズ名：日本現代史大系
＊	明治憲法成立史. 上	稲田正次著	有斐閣	1960	
＊	異端の源流：中江兆民の思想と行動	山口光朔著	法律文化社	1961	シリーズ名：かわずブックス
＊	岩波講座現代教育学.第12		岩波書店	1961	各巻タイトル：社会科学と教育；第1
＊	憲法制定の経過に関する小委員会報告書	憲法調査会編	憲法調査会事務局	1961	

102　第Ⅱ部　資　　料

タイトル	責任表示	出版者	出版年	注　記
＊　黙移	相馬黒光著	法政大学出版局	1961	
＊　岩波講座日本歴史. 16	家永三郎ほか編纂委員	岩波書店	1962	各巻タイトル：近代；3. 内容：自由民権運動／下山三郎著　ほか
＊　近代日本の思想家	家永三郎著	有信堂	1962	シリーズ名：文化新書
＊　国立国会図書館蔵書目録. 昭和23－33年；第1編	国立国会図書館整理部編	国立国会図書館	1962	各巻タイトル：総記、哲学・宗教、歴史・地理
＊　新法学講座. 第5巻	長谷川正安[ほか] 編	三一書房	1962	各巻タイトル：安保体制と法
＊　土佐近代文学者列伝	竹村義一 [ほか] 著	高知新聞社	1962	シリーズ名：高新シリーズ；5
＊　日本の思想家. 1	朝日新聞社朝日ジャーナル編集部編	朝日新聞社	1962	内容：植木枝盛－人民主権の主張／土方和雄著ほか
＊　明治憲法成立史. 下	稲田正次著	有斐閣	1962	
＊　早稲田大学八十年誌	早稲田大学編	早稲田大学出版部	1962	
＊　片岡健吉先生の生涯		片岡健吉先生銅像再建期成会	1963	
＊　近代日本思想論争：民選議院論争から大衆社会論争まで	宮川透[ほか] 編	青木書店	1963	
＊　政治史	中村哲著	東洋経済新報社	1963	シリーズ名：日本現代史大系
＊　明治前期婦人解放論史	外崎光広著	高知市民図書館	1963	シリーズ名：市民叢書；19
＊　現代の組織悪	戸頃重基著	明治図書出版	1964	シリーズ名：教育問題新書
＊　憲法調査会総批判：憲法改正問題の本質：鈴木安蔵教授還暦祝賀論文集	有倉遼吉等編	日本評論社	1964	
＊　社会観入門：日本の近代化とその展望	芝田進午著	弘文堂	1964	シリーズ名：フロンティア・ブックス

第4章　植木枝盛関連図書目録　　103

タイトル	責任表示	出版者	出版年	注　記
＊　自由民権運動の研究：国会開設運動を中心として	内藤正中著	青木書店	1964	シリーズ名：歴史学研究叢書
＊　天皇制思想と教育	武田清子著	明治図書出版	1964	シリーズ名：教育問題新書
＊　日本国憲法の問題状況	小林直樹著	岩波書店	1964	
＊　日本の近代文学	日本近代文学館編	読売新聞社	1964	
＊　福岡県における自由民権運動	新藤東洋男［著］	大牟田市立教育研究所	1964	シリーズ名：研究所員報告；第2集. 内容：植木枝盛の九州遊説　ほか
＊　美濃部達吉の思想史的研究	家永三郎著	岩波書店	1964	
＊　明治精神史	色川大吉著	黄河書房	1964	
＊　吉田東伍博士年譜と著作目録	早稲田大学史学会編	早稲田大学教務部	1964	
＊　暗殺の記録：土佐民権運動遺聞	中島及著	高知市民図書館	1965	
＊　近代文体発生の史的研究	山本正秀著	岩波書店	1965	内容：植木枝盛の談話体『民権自由論』二書　ほか
＊　現代日本思想大系. 第10		筑摩書房	1965	各巻タイトル：権力の思想／神島二郎編
＊　講座社会と倫理. 第3巻	立正大学哲学研究室編	日本評論社	1965	
＊　古在由重著作集. 第3巻	古在由重著	勁草書房	1965	各巻タイトル：批評の精神. 内容：植木枝盛のこと　ほか
＊　自由民権思想の研究	松尾章一著	柏書房	1965	
＊　新日本史の研究	田名網宏著	旺文社	1965	改訂版
＊　抵抗権	憲法研究所編	憲法研究所出版会	1965	シリーズ名：憲法研究所特集；4
＊　土佐路のはなし	NHK高知放送局編	NHK高知放送局	1965	内容：植木枝盛／外崎光広著　ほか
＊　日本近代思想史研究	家永三郎著	東京大学出版会	1965	増訂版
＊　日本社会運動思想史論	小山仁示著	ミネルヴァ書房	1965	

104　第Ⅱ部　資　　料

	タイトル	責任表示	出版者	出版年	注　記
＊	日本の歴史．中	井上清著	岩波書店	1965	シリーズ名：岩波新書；青版-500b
＊	文学に現はれたる国民思想の研究．第5巻	つだそうきち著	岩波書店	1965	
＊	明治前期学校成立史	本山幸彦編	未来社	1965	
＊	明治文学：考証・随想	本間久雄著	新樹社	1965	
＊	歴史家のみた憲法・教育問題	家永三郎著	日本評論社	1965	
＊	植木枝盛研究	家永三郎著	岩波書店	1966	第2刷
＊	近代日本の家庭	外崎光広著	高知市立市民図書館	1966	シリーズ名：市民新書
＊	近代日本の宗教とナショナリズム	戸頃重基著	富山房	1966	
＊	近代日本の政治と人間：その思想史的考察	松本三之介著	創文社	1966	
＊	憲法	星野安三郎著	勁草書房	1966	
＊	講座社会と倫理．第5巻	立正大学哲学研究室編	日本評論社	1966	
＊	高知市史跡めぐり	橋詰延寿著	土佐女子中・高等学校出版部	1966	内容：植木枝盛邸跡　ほか
＊	自由民権運動の展開	後藤靖著	有斐閣	1966	
＊	政治学．第2	猪木正道［ほか］編	興文社	1966	シリーズ名：法律学ハンドブック．各巻タイトル：政治思想史．内容：自由民権の思想（とくに植木枝盛）　ほか
＊	日本近代の名著：その人と時代	エコノミスト編集部編	毎日新聞社	1966	内容：植木枝盛「自由民権論」／家永三郎著　ほか
＊	日本精神史への序論	宮川透著	紀伊国屋書店	1966	シリーズ名：紀伊国屋新書
＊	日本の歴史．第21		中央公論社	1966	各巻タイトル：近代国家の出発／色川大吉著
＊	日本の歴史．下	井上清著	岩波書店	1966	シリーズ名：岩波新書；青版-500c

第4章　植木枝盛関連図書目録　　105

	タイトル	責任表示	出版者	出版年	注　記
＊	明治国家形成過程の研究	稲田正次編	御茶の水書房	1966	
＊	明治国家形成過程の研究. 第1		御茶の水書房	1966	各巻タイトル：明治国家成立の政治過程／稲田正次編
＊	明治国家形成過程の研究. 第3		御茶の水書房	1966	各巻タイトル：明治国家の法と思想／家永三郎編
＊	明治史研究叢書. 第4集	明治史料研究連絡会編	御茶の水書房	1966	新装版. 各巻タイトル：民権論からナショナリズムへ. 内容：植木枝盛の人民主権論－自由民権運動の理論的指導者／鈴木安蔵著　ほか. 解説／家永三郎著
＊	明治のにない手. 上	遠山茂樹編	読売新聞社	1966	シリーズ名：人物・日本の歴史；第11
＊	植木枝盛研究	家永三郎著	岩波書店	1967	第3刷
＊	近代日本における制度と思想：明治法思想史研究序説	中村雄二郎著	未来社	1967	
＊	近代日本の争点. 上	家永三郎等編	毎日新聞社	1967	
＊	憲法講義. 上	小林直樹著	東京大学出版会	1967	
＊	講座東洋思想. 第8	宇野精一［ほか］編	東京大学出版会	1967	
＊	幸徳秋水研究	糸屋寿雄著	青木書店	1967	
＊	三十三年の夢	宮崎滔天著；宮崎竜介、衛藤瀋吉校注	平凡社	1967	シリーズ名：東洋文庫；100
＊	新日本史の研究	田名網宏著	旺文社	1967	2訂版
＊	日清・日露戦争	下村富士男編	世界文化社	1967	シリーズ名：日本歴史シリーズ；第19巻
＊	日本近代憲法思想史研究	家永三郎著	岩波書店	1967	
＊	日本近代憲法思想史研究	家永三郎著	岩波書店	1967	第2刷
＊	日本商人史考	倉本長治著	商業界	1967	

106　第Ⅱ部　資　　料

	タイトル	責任表示	出版者	出版年	注　記
＊	福沢諭吉：生きつづける思想家	河野健二著	講談社	1967	シリーズ名：講談社現代新書；110
＊	明治維新をどう教えるか	大江志乃夫編著	明治図書出版	1967	シリーズ名：明治図書新書
＊	明治初期の思想：その特性と限界	淡野安太郎著	勁草書房	1967	
＊	明治・大正・昭和100人の財界人：エピソードにみる人物史	邑井操著	ダイヤモンド社	1967	
＊	明治のバックボーン	松永昌三著	角川書店	1967	シリーズ名：角川新書
＊	お雇い外国人. 第4		鹿島研究所出版会	1968	各巻タイトル：交通／山田直匡著
＊	革命伝説. 第2	神崎清著	芳賀書店	1968	各巻タイトル：密造された爆烈弾
＊	近代日本の女性像：明日を生きるために	田中寿美子編	社会思想社	1968	シリーズ名：現代教養文庫. 内容：植木枝盛と婦人問題　ほか
＊	近代日本の争点. 下	家永三郎等編	毎日新聞社	1968	
＊	現代の恥辱：わたくしの死刑廃止論	正木亮著	矯正協会	1968	シリーズ名：正木刑政叢書；1
＊	高知県文学史	岡林清水著	高知市立市民図書館	1968	改訂新版. シリーズ名：市民新書；20
＊	自由と民権の闘い	毎日新聞社社会部編	毎日新聞社	1968	
＊	新聞投書欄：民衆言論の100年	影山三郎著	現代ジャーナリズム出版会	1968	
＊	戦争と平和. 第6	末川博編	雄渾社	1968	各巻タイトル：平和の思想／湯川秀樹編
＊	土佐百年史話：民権運動への道	高知新聞社編	浪速社	1968	
＊	日清戦争の研究	中塚明著	青木書店	1968	
＊	日本国憲法の教育規定に関する研究	沖原豊著	風間書房	1968	

第4章　植木枝盛関連図書目録　107

	タイトル	責任表示	出版者	出版年	注　記
＊	放送土佐史談	松山秀美著；RKC高知放送編	RKC高知放送	1968	
＊	未完の明治維新	田中彰著	三省堂	1968	シリーズ名：三省堂新書
＊	明治期啓蒙教育の研究：福沢諭吉における日本近代国家の形成と教育	牧野吉五郎著	御茶の水書房	1968	
＊	明治の精神：底辺の視座から	色川大吉著	筑摩書房	1968	
＊	植木枝盛の「言論自由論」・分析ノート	香内三郎著	東京大学新聞研究所	1969	
＊	近代日本の社会思想：革命と抵抗の系譜	高畠徹郎著	社会新報	1969	シリーズ名：新報新書
＊	現代詩鑑賞講座. 第2巻	伊藤信吉等編	角川書店	1969	各巻タイトル：新しき詩歌の時代－近代詩篇；第1
＊	現代詩鑑賞講座. 第6巻	伊藤信吉等編	角川書店	1969	各巻タイトル：人道主義の周辺－近代詩篇；第5
＊	現代政治の条件	松下圭一著	中央公論社	1969	増補版
＊	講座・日本社会思想史. 1	住谷悦治［ほか］編	芳賀書店	1969	増補版. 各巻タイトル：明治社会思想の形成. 内容：増補・自由民権と植木枝盛の思想／小山仁示著　ほか
＊	講座日本の革命思想. 第4巻		芳賀書店	1969	各巻タイトル：明治国家への反逆／小山仁示編. 内容：植木枝盛－自由民権思想の極致／高畠徹郎著　ほか
＊	地方史研究の現状. 第3	日本歴史学会編	吉川弘文館	1969	各巻タイトル：中国・四国・九州・沖縄編
＊	鳥取県史. 近代；第1巻		鳥取県	1969	各巻タイトル：総説篇
＊	成田知巳論文論説集. 第1	成田知巳著	社会新報	1969	

108　第Ⅱ部　資　料

	タイトル	責任表示	出版者	出版年	注　記
＊	日印関係小史	大形孝平編	アジア経済研究所	1969	シリーズ名：研究参考資料；143
＊	日本近代思想史研究	家永三郎著	東京大学出版会	1969	増訂版第3刷
＊	日本仏教史入門	田村芳朗著	角川書店	1969	シリーズ名：角川選書
＊	村野常右衛門伝. 民権家時代	村野廉一、色川大吉共著	村野廉一	1969	
＊	明治維新と現代	遠山茂樹著	岩波書店	1969	シリーズ名：岩波新書
＊	明治大正昭和三代詔勅集	近代史料研究会編	北望社	1969	
＊	良心的兵役拒否の思想	阿部知二著	岩波書店	1969	シリーズ名：岩波新書
＊	近代日本の思想家	家永三郎著	有信堂	1970	シリーズ名：Yushindo sosho
＊	現代の憲法論	憲法判例研究会編	敬文堂出版部	1970	
＊	高知県史. 近代編		高知県	1970	
＊	自由民権の系譜：土佐派の場合	平尾道雄著	高知市民図書館	1970	
＊	日本教育行政研究序説：帝国憲法下における制度と法理	平原春好著	東京大学出版会	1970	
＊	民衆憲法の創造：埋もれた多摩の人脈	色川大吉［ほか］著	評論社	1970	シリーズ名：「人間の権利」叢書；6
＊	明治女性史. 中巻前篇	村上信彦著	理想社	1970	
＊	流行世相近代史：流行と世相	和歌森太郎編	雄山閣出版	1970	
＊	岐阜県社会運動史	岐阜県社会運動史編纂委員会編	岐阜県社会運動史編纂委員会	1971	限定版
＊	近代日本思想史大系. 3		有斐閣	1971	各巻タイトル：近代日本政治思想史；1／橋川文三、松本三之介編集. 内容：自由民権思想／松永昌三著　ほか
＊	近代日本思想史の基礎知識：維新前夜から敗戦まで	橋川文三［ほか］編集	有斐閣	1971	

第4章 植木枝盛関連図書目録 109

	タイトル	責任表示	出版者	出版年	注 記
＊	言文一致の歴史論考	山本正秀著	桜楓社	1971	
＊	講座日本史.10	歴史学研究会、日本史研究会編	東京大学出版会	1971	各巻タイトル：現代歴史学の展望
＊	講座日本文化史. 第7巻	日本史研究会編	三一書房	1971	
＊	高知県婦人運動史	外崎光広著	高知市民図書館	1971	
＊	自由民権思想と日本のロマン主義	宮川透、土方和雄著	青木書店	1971	シリーズ名：現代日本思想史：2
＊	図書館学とその周辺：天野敬太郎先生古稀記念論文集	天野敬太郎先生古稀記念会編	巌南堂書店	1971	
＊	南国土佐の刊行ガイド		高知県観光連盟	1971	内容：植木枝盛邸跡　ほか
＊	日本近代憲法思想史研究	家永三郎著	岩波書店	1971	第3刷増訂
＊	日本近代社会思想史	岸本英太郎、小山弘健編著	青木書店	1971	再版
＊	日本宗教史研究入門：戦後の成果と課題	笠原一男編	評論社	1971	シリーズ名：日本人の行動と思想：別巻1
＊	日本の歴史.21		中央公論社	1971	シリーズ名：中公バックス. 各巻タイトル：近代国家の出発／色川大吉著
＊	明治憲法体制の確立：富国強兵と民力休養	坂野潤治著	東京大学出版会	1971	
＊	近代沖縄の政治構造	大田昌秀著	勁草書房	1972	
＊	近代日本の政治と教育	本山幸彦著	ミネルヴァ書房	1972	
＊	慶應義塾図書館史	慶應義塾大学三田情報センター編輯	慶應義塾大学三田情報センター	1972	
＊	幸徳秋水全集. 第8巻	幸徳秋水全集編集委員会編	明治文献	1972	
＊	新講政治学	伊藤勲著	成文堂	1972	

110　　第Ⅱ部　資　　料

タイトル	責任表示	出版者	出版年	注　記
＊　人物文献索引．法律・政治編		国立国会図書館参考書誌部	1972	明治以降－昭和46年刊行分
＊　中江兆民と植木枝盛：日本民主主義の原型	松永昌三著	清水書院	1972	シリーズ名：Century books-人と歴史シリーズ日本：32．年譜あり．参考文献あり
＊　日本近代化の思想	鹿野政直著	研究社出版	1972	シリーズ名：研究社叢書
＊　日本国憲法要論．上巻	和田鶴蔵著	法律文化社	1972	
＊　日本人の100年．4		世界文化社	1972	2冊．各巻タイトル：自由民権運動
＊　日本の平和思想：明治・大正・昭和の平和思想家たち	田畑忍著	ミネルヴァ書房	1972	
＊　府中市史近代編資料集．第9集	東京都府中市史編さん委員会編	府中市	1972	
＊　近代読者の成立	前田愛著	有精堂	1973	シリーズ名：有精堂選書
＊　近代日本教育思想史	中内敏夫著	国土社	1973	
＊　近代日本教育小史	国民教育研究所編	草土文化	1973	
＊　近代日本の名著：12選	笠原一男編	学陽書房	1973	シリーズ名：名著入門ライブラリー
＊　憲法講義．上	小林直樹著	東京大学出版会	1973	改訂版
＊　講座・日本現代詩史．3	村野四郎［ほか］編	右文書院	1973	各巻タイトル：昭和前期
＊　高知市史跡めぐり	橋詰延寿著	高知市観光協会	1973	内容：植木枝盛邸跡　ほか
＊　幸徳秋水	糸屋寿雄著	清水書院	1973	シリーズ名：Century books-人と思想
＊　志士と壮士の歌	佃実夫著	新人物往来社	1973	
＊　自由民権	坂根義久編	有精堂出版	1973	シリーズ名：論集日本歴史：10

第 4 章　植木枝盛関連図書目録　　111

	タイトル	責任表示	出版者	出版年	注　記
＊	自由民権運動文学の研究	岡林清水著	高知市民図書館	1973	
＊	戦後「日本軍」の論理	吉原公一郎著	現代史資料センター出版会	1973	
＊	全集・叢書細目総覧.第 1 巻	国立国会図書館参考書誌部編	紀伊国屋書店	1973	各巻タイトル：古典編
＊	土佐その風土と史話：県民グラフ歴史特集	平尾道雄執筆・監修；高知県知事公室編集	高知県	1973	
＊	新島襄	和田洋一著	日本基督教団出版局	1973	シリーズ名：人と思想シリーズ；第 2 期
＊	日本近代の出発	飛鳥井雅道著	塙書房	1973	
＊	明治憲法制定史. 下	清水伸著	原書房	1973	シリーズ名：明治百年史叢書. 各巻タイトル：枢密院における明治憲法制定会議
＊	明治のにない手. 上	遠山茂樹編	読売新聞社	1973	新装版. シリーズ名：人物・日本の歴史；11
＊	論集・福沢諭吉への視点	市村弘正編集・解説	りせい書房	1973	
＊	片岡健吉日記	立志社創立百年記念出版委員会編纂	高知市民図書館	1974	立志社創立百年記念出版
＊	検定不合格日本史	家永三郎著	三一書房	1974	
＊	講座家族. 8	青山道夫［ほか］編	弘文堂	1974	各巻タイトル：家族観の系譜・総索引
＊	講座現代ジャーナリズム. 1	城戸又一編集代表	時事通信社	1974	各巻タイトル：歴史
＊	自由民権の民衆像：秩父困民党の農民たち	中沢市郎著	新日本出版社	1974	シリーズ名：新日本新書
＊	史伝板垣退助	糸屋寿雄著	清水書院	1974	
＊	生活のなかの国家	尾崎秀樹［等］著	河出書房新社	1974	シリーズ名：日本生活文化史；8

112　第Ⅱ部　資　　料

	タイトル	責任表示	出版者	出版年	注　記
＊	田辺元の思想史的研究：戦争と哲学者	家永三郎著	法政大学出版局	1974	シリーズ名：叢書・歴史学研究
＊	日本近代国家の形成と官僚制	山中永之佑著	弘文堂	1974	
＊	日本人物文献目録	法政大学文学部史学研究室編	平凡社	1974	
＊	日本精神史の課題	宮川透著	紀伊国屋書店	1974	シリーズ名：紀伊国屋新書
＊	日本の歴史.21		中央公論社	1974	シリーズ名：中公文庫.各巻タイトル：近代国家の出発／色川大吉著
＊	人間讃歌	古在由重著	岩波書店	1974	内容：明治の女－清水紫琴のこと　ほか
＊	服部之総全集.11	服部之総著	福村出版	1974	各巻タイトル：自由民権
＊	福島事件物語：自由への叫び	北小路健著	国書刊行会	1974	
＊	マスコミ文献集大成：マスコミ一般・新聞・放送・出版・広告文献解題目録	総合ジャーナリズム研究所編	東京社	1974	
＊	未完の明治維新	田中彰著	三省堂	1974	第2版.シリーズ名：三省堂新書
＊	無形板垣退助	平尾道雄著	高知新聞社	1974	
＊	異端の右翼：国家社会主義とその人脈	津久井竜雄著	新人物往来社	1975	
＊	岩手の歴史と人物	岩手史学会編	熊谷印刷出版部	1975	
＊	岩波講座文学.1		岩波書店	1975	各巻タイトル：文学表現とはどのような行為か
＊	植木文庫目録：植木枝盛旧蔵書		同志社大学図書館	1975	
＊	京都府警察史.第2巻	京都府警察史編集委員会編	京都府警察本部	1975	
＊	近代日本における家族法の展開	松本暉男著	弘文堂	1975	

第4章 植木枝盛関連図書目録 113

	タイトル	責任表示	出版者	出版年	注 記
＊	経済史文献解題. 昭和50年版		清文堂出版	1975	
＊	激動期の日本労働運動：明治・大正から総評結成まで	島上善五郎著	社会新報	1975	
＊	高知県婦人解放運動史	外崎光広著	ドメス出版	1975	高知県婦人解放運動史略年表あり
＊	高知県警察史. 明治・大正編	高知県警察史編さん委員会編	高知県警察本部	1975	
＊	女性解放の思想と行動. 戦前編	田中寿美子編	時事通信社	1975	
＊	女性解放の先駆者たち：中島俊子と福田英子	糸屋寿雄著	清水書院	1975	シリーズ名：Century books-人と歴史シリーズ 日本：40
＊	天皇制思想と教育	武田清子著	明治図書出版	1975	シリーズ名：社会科教育選書；3
＊	日本近代名詩選	関良一[等]編著	右文書院	1975	
＊	日本の思想家. 上	朝日ジャーナル編集部編	朝日新聞社	1975	新版. シリーズ名：朝日選書；44. 内容：植木枝盛－人民主権の主張／土方和雄著　ほか
＊	入門女性解放論	一番ケ瀬康子編	亜紀書房	1975	内容：植木枝盛の女性論／野崎衣枝著　ほか
＊	婦人思想形成史ノート. 上	丸岡秀子著	ドメス出版	1975	
＊	三春町史. 第3巻		三春町	1975	各巻タイトル：通史編3：近代1
＊	民主教育の運動と遺産	城丸章夫、川合章編	新日本出版社	1975	シリーズ名：講座日本の教育；2
＊	明治の逸材	橋川文三編集指導	暁教育図書	1975	シリーズ名：人物探訪・日本の歴史：18
＊	植木枝盛研究	家永三郎著	岩波書店	1976	第6刷増訂
＊	植木枝盛と女たち	外崎光広著	ドメス出版	1976	
＊	歌と禁欲：近代詩人論	郷原宏著	国文社	1976	

114　第Ⅱ部　資　　料

	タイトル	責任表示	出版者	出版年	注　記
＊	家族：政策と法. 7	福島正夫編	東京大学出版会	1976	各巻タイトル：近代日本の家族観
＊	加藤弘之の研究	吉田曠二著	大原新生社	1976	シリーズ名：日本史学研究双書
＊	近代国家の展開	小西四郎編集責任	集英社	1976	シリーズ名：図説日本の歴史：14
＊	近代日本の思想構造：諭吉・八束・一輝	井田輝敏著	木鐸社	1976	
＊	雑誌記事索引. 人文・社会編；第28巻第2号	国立国会図書館編	国立国会図書館	1976	
＊	多摩の百年. 上	朝日新聞東京本社社会部著	朝日新聞社	1976	各巻タイトル：悲劇の群像
＊	土とふるさとの文学全集. 9	臼井吉見[等]編	家の光協会	1976	各巻タイトル：歴史の視野
＊	天皇制と民衆	後藤靖編	東京大学出版会	1976	シリーズ名：UP選書
＊	『天皇制』論集. 第2輯	三一書房編集部編	三一書房	1976	内容：日本における共和主義の伝統／家永三郎著ほか
＊	日本近代教育の遺産：洋学受容と地域教育の展開	影山昇著	第一法規出版	1976	
＊	日本近代思想史における法と政治	石田雄著	岩波書店	1976	
＊	日本近代哲学史	宮川透、荒川幾男編	有斐閣	1976	シリーズ名：有斐閣選書
＊	日本憲法史	筒井若水[等]編	東京大学出版会	1976	シリーズ名：法律学教材
＊	日本児童文学概論	日本児童文学学会編	東京書籍	1976	
＊	日本社会学成立史の研究	斎藤正二著	福村出版	1976	
＊	日本における近代的所有権意識の変遷	宮川澄著	青木書店	1976	
＊	福沢諭吉研究	ひろたまさき著	東京大学出版会	1976	
＊	民権と国権のはざま：明治早莽思想史覚書	上村希美雄著	葦書房	1976	

第 4 章　植木枝盛関連図書目録　　115

	タイトル	責任表示	出版者	出版年	注　記
＊	明治維新と女性の夜明け	糸屋寿雄著	汐文社	1976	シリーズ名：講座近代日本女性のあゆみ；1
＊	明治日本の開化	大久保利謙編集責任	集英社	1976	シリーズ名：図説日本の歴史；15
＊	燎原のこえ：民衆史の起点	色川大吉著	筑摩書房	1976	
＊	歴史の森	平尾道雄著	高知市民図書館	1976	
＊	一歴史学者の歩み	家永三郎著	三省堂	1977	新版. シリーズ名：三省堂選書；27
＊	岩波講座日本語.10		岩波書店	1977	各巻タイトル：文体
＊	岩波講座日本歴史.26		岩波書店	1977	各巻タイトル：別巻；3 －日本史研究の現状
＊	近代日本の家族観：明治篇	青地亨著	弘文堂	1977	
＊	近代日本の民衆運動と思想	鹿野政直［ほか］著	有斐閣	1977	シリーズ名：有斐閣選書
＊	近代日本と朝鮮	中塚明著	三省堂	1977	新版. シリーズ名：三省堂選書；4
＊	憲法制定前後：新憲法をめぐる激動期の記録	鈴木安蔵著	青木書店	1977	シリーズ名：青木現代叢書
＊	憲法の歩み：主要事件による憲法の歴史	池田政章編	有斐閣	1977	シリーズ名：有斐閣選書
＊	憲法の基本原理	有倉遼吉、吉田善明編	三省堂	1977	シリーズ名：文献選集日本国憲法；1
＊	子ども白書：児童憲章完全実現への道.1977年版	日本子どもを守る会編	草土文化	1977	
＊	自由民権運動とその発展	平野義太郎著	新日本出版社	1977	
＊	自由民権思想と日本のロマン主義	宮川透、土方和雄著	青木書店	1977	新装版. シリーズ名：現代日本思想史；2
＊	戦争の放棄	深瀬忠一編	三省堂	1977	シリーズ名：文献選集日本国憲法；3
＊	高群逸枝と柳田国男：婚制の問題を中心に	村上信彦著	大和書房	1977	
＊	秩父困民党に生きた人びと	中沢市朗編	現代史出版会	1977	

116　第Ⅱ部　資　　料

	タイトル	責任表示	出版者	出版年	注　記
＊	討論・戦後日本の政治思想	高畠通敏編	三一書房	1977	
＊	日本近代文学の成立：アメリカ文学受容の比較文学的研究．上	佐渡谷重信著	明治書院	1977	
＊	日本国憲法論	田畑忍編	法律文化社	1977	
＊	日本政社政党発達史：福島県自由民権運動史料を中心として	庄司吉之助著	御茶の水書房	1977	改装版
＊	日本道徳思想史	家永三郎著	岩波書店	1977	改版．シリーズ名：岩波全書
＊	日本の悲劇と理想	平泉澄著	原書房	1977	
＊	白鶴二百三十年の歩み	白鶴酒造株式会社社史編纂室編	白鶴酒造	1977	
＊	幕末明治の群像．第1巻		世界文化社	1977	各巻タイトル：黒船来たる
＊	福島人物の歴史．第11巻		歴史春秋社	[1977]	各巻タイトル：河野広中；上／高橋哲夫著
＊	民友社の研究	同志社大学人文科学研究所編	雄山閣出版	1977	シリーズ名：同志社大学人文科学研究所研究叢書；8
＊	明治維新と独逸思想	大塚三七雄著	長崎出版	1977	新版
＊	明治国家形成過程の研究	稲田正次編	御茶の水書房	1977	改装版
＊	明治史研究叢書．第4集	明治史料研究連絡会編	御茶の水書房	1977	改装版．各巻タイトル：民権論からナショナリズムへ．内容：植木枝盛の人民主権論－自由民権運動の理論的指導者／鈴木安蔵著　ほか．解説／家永三郎著
＊	明治の旗風：自由民権運動	坂本六良著	護憲反安保県民連合	1977	
＊	黙移：明治・大正文学史回想	相馬黒光著	法政大学出版局	1977	

第 4 章 植木枝盛関連図書目録 117

	タイトル	責任表示	出版者	出版年	注　記
＊	歴史のなかの憲法. 上	家永三郎著	東京大学出版会	1977	
＊	歴史のなかの憲法. 下	家永三郎著	東京大学出版会	1977	
＊	歴史の方法	色川大吉著	大和書房	1977	
＊	教育基本法文献選集. 7		学陽書房	1977	各巻タイトル：政治教育・宗教教育－第 8 条・第 9 条／永井憲一編
＊	小野梓全集. 第 1 巻	小野梓著；早稲田大学大学史編集所編	早稲田大学出版部	1978	早稲田大学創立百周年記念
＊	近代文学. 1	三好行雄、竹盛天雄編	有斐閣	1978	シリーズ名：有斐閣双書. 各巻タイトル：黎明期の近代文学
＊	国木田独歩論考	山田博光著	創世記	1978	
＊	憲法学説史	長谷川正安編	三省堂	1978	シリーズ名：文献選集日本国憲法：16
＊	自治体問題講座. 第 3 巻	自治体問題研究所編	自治体研究所	1978	各巻タイトル：現代資本主義と地方財政
＊	自由の聖地：日本人のアメリカ	亀井俊介著	研究社出版	1978	シリーズ名：研究社選書：4
＊	進歩と革命の思想. 日本編	松島栄一編	新日本出版社	1978	シリーズ名：新日本選書：44. 内容：植木枝盛／大江志乃夫著　ほか
＊	先人のさけび：明日の指導者のために		高知青年会議所	1978	内容：私製の日本国憲法・植木枝盛　ほか
＊	土佐史の諸問題	山本大編	名著出版	1978	シリーズ名：地方史研究叢書；9. 内容：植木枝盛の婦人論をめぐる諸問題　ほか
＊	日本女性の歴史. 11		暁教育図書	1978	各巻タイトル：文明開化と女性
＊	日本とインド	大形孝平編	三省堂	1978	シリーズ名：三省堂選書：42
＊	日本保守党小史：自由民権と政党政治	村川一郎著	教育社	1978	シリーズ名：教育社歴史新書-日本史；121

118 　第Ⅱ部 資 　料

	タイトル	責任表示	出版者	出版年	注 記
＊	福祉社会の開拓者たち：娼妓解放論の壮士	山野光雄著	社会保険広報社	1978	
＊	水戸一高百年史	水戸一高百年史編集委員会編	水戸一高創立百周年記念事業実行委員会	1978	
＊	明治大正図誌. 第2巻		筑摩書房	1978	各巻タイトル：東京；2／前田愛、小木新造編
＊	早稲田大学百年史. 第1巻	早稲田大学大学史編纂所編	早稲田大学出版部	1978	
＊	近代天皇制への道程	田中彰著	吉川弘文館	1979	
＊	家永・教科書裁判：裁かれる日本の歴史. 高裁編：第4巻	教科書検定訴訟を支援する全国連絡会編	文一総合出版	1979	
＊	画報日本近代の歴史. 4	日本近代史研究会編	三省堂	1979	各巻タイトル：ひろがる自由民権運動1877～1885
＊	近代日本の思想. 1		有斐閣	1979	シリーズ名：有斐閣新書.各巻タイトル：佐久間象山／本郷隆盛著；福沢諭吉／前坊洋著；植木枝盛／稲田雅洋著
＊	近代日本の思想. 2		有斐閣	1979	シリーズ名：有斐閣新書.各巻タイトル：徳富蘇峰／和田守著；大杉栄／竹山護夫著；尾崎行雄／栄沢幸二著
＊	近代日本法思想史	野田良之、碧海純一編	有斐閣	1979	シリーズ名：近代日本思想史大系；第7巻
＊	言語の研究	言語学研究会編	むぎ書房	1979	
＊	三多摩自由民権史料集. 第1巻	色川大吉責任編集	大和書房	1979	
＊	昭和史の原像	小西四郎責任編集	集英社	1979	シリーズ名：図説昭和の歴史；1
＊	戦争と平和に関する総合的考察	山田浩、森利一編	広島大学総合科学部	1979	

第4章 植木枝盛関連図書目録 119

	タイトル	責任表示	出版者	出版年	注 記
＊	東京百年史. 別巻	東京都総務局総務部、東京都公文書館百年史編纂係編	東京都総務局総務部	1979	各巻タイトル：年表・索引
＊	東北の歴史. 下巻	豊田武編	吉川弘文館	1979	
＊	ドキュメント群馬事件：昔し思へば亜米利加の…	藤林伸治編	現代史出版会	1979	
＊	日本近代教育の思想構造：福沢諭吉の教育思想研究	安川寿之輔著	新評論	1979	増補版
＊	日本国憲法と戦後教育	家永三郎教授東京教育大学退官記念論集刊行委員会編	三省堂	1979	シリーズ名：家永三郎教授東京教育大学退官記念論集. 3
＊	日本婦人運動小史	山川菊栄著	大和書房	1979	
＊	日本文学史概説. 近代編	平岡敏夫、東郷克美編	有精堂出版	1979	
＊	ひとなぜ怒りを謳う：ナショナリズム講義	平岡昇、安岡章太郎著	朝日新聞社	1979	シリーズ名：Lecture books
＊	文明横議：色川大吉対談集	色川大吉著	日本書籍	1979	
＊	文明開化の研究：京都大学人文科学研究所報告	林屋辰三郎編	岩波書店	1979	
＊	未完の明治維新	田中彰著	三省堂	1979	新版. シリーズ名：三省堂選書；55
＊	明治憲法成立史の研究	稲田正次著	有斐閣	1979	
＊	明治国家と沖縄	我部政男著	三一書房	1979	
＊	明治国家の権力と思想	小西四郎、遠山茂樹編	吉川弘文館	1979	内容：自由民権と共和制／遠山茂樹著　ほか
＊	明治大正図誌		筑摩書房	1979	各巻タイトル：関東／色川大吉、新井勝紘編
＊	森鴎外の医学思想	宮本忍著	勁草書房	1979	
＊	歴史と責任	家永三郎著	中央大学出版部	1979	

120　第Ⅱ部　資　　料

タイトル	責任表示	出版者	出版年	注　記
＊　岩崎弥太郎：物語と史蹟をたずねて	川村晃著	成美堂出版	1980	
＊　憲法講義. 上	小林直樹著	東京大学出版会	1980	新版
＊　新聞にみる北海道の明治・大正：報道と論説の功罪	佐藤忠雄著	北海道新聞社出版局	1980	
＊　新北海道史. 第9巻	北海道編	北海道	1980	各巻タイトル：史料3
＊　図説人物日本の女性史. 9	井上靖、児玉幸多監修	小学館	1980	各巻タイトル：維新期の才女たち
＊　生活綴方研究	川口幸宏著	白石書店	1980	
＊　大日本帝国憲法制定史	明治神宮編；大日本帝国憲法制定史調査会著	サンケイ新聞社	1980	
＊　日本近代国家と民衆運動	藤井松一［ほか］編	有斐閣	1980	シリーズ名：立命館大学人文科学研究所研究叢書；4
＊　日本近代思想史研究	家永三郎著	東京大学出版会	1980	増訂新版
＊　日本近代史要説	高橋幸八郎［ほか］編	東京大学出版会	1980	
＊　日本国憲法の再検討：大石義雄先生喜寿記念論文集		嵯峨野書院	1980	
＊　日本社会教育発達史	碓井正久編	亜紀書房	1980	シリーズ名：講座・現代社会教育；2
＊　日本精神史の課題	宮川透著	紀伊国屋書店	1980	新装版
＊　日本の知識人	小田実著	講談社	1980	シリーズ名：講談社文庫
＊　悲曲の精神：「三酔人経綸問答」以後	尾原和久著	国文社	1980	
＊　平尾道雄追悼記念論文集	高知市民図書館編集	高知市民図書館	1980	
＊　部落問題学習の資料と手引	東上高志編	部落問題研究所出版部	1980	

第4章　植木枝盛関連図書目録　121

	タイトル	責任表示	出版者	出版年	注　記
＊	平和学講義	森利一、山田浩編	勁草書房	1980	
＊	明治民衆史を歩く	井出孫六著	新人物往来社	1980	
＊	黙移：明治・大正文学史回想	相馬黒光著	ほるぷ総連合	1980	シリーズ名：ほるぷ自伝選集－女性の自画像；15
＊	八重山近代民衆史	三木健著	三一書房	1980	
＊	流転の民権家：村野常右衛門伝	色川大吉著	大和書房	1980	
＊	秋田の自由民権：自由民権百年記念誌	秋田県自由民権百年記念実行委員会編	秋田文化出版社	1981	
＊	いま教科書を	山住正己編	晩声社	1981	
＊	植木枝盛研究	家永三郎著	岩波書店	1981	第7刷
＊	植木枝盛・憲法草案と日本国憲法	高知市立市民図書館編	高知市立市民図書館	1981	
＊	北見市史. 上巻		北見市	1981	
＊	近代史の舞台	坂本六良著	環文庫	1981	
＊	近代生命保険生成史料	日本経営史研究所編集・制作	明治生命保険	1981	
＊	近代日本と早稲田の思想群像. 1	早稲田大学社会科学研究所日本近代思想部会編	早稲田大学出版部	1981	
＊	現代の子どもと人権	一番ケ瀬康子著	ドメス出版	1981	
＊	社会福祉の歴史	一番ケ瀬康子、高島進編	有斐閣	1981	シリーズ名：講座社会福祉；2
＊	宗教・政治・天皇制	反靖国・反天皇制連続講座実行委員会編	勁草書房	1981	
＊	時代を考える	石垣綾子［ほか］著；現代文化ゼミナール運営委員会編	同時代社	1981	

122　第Ⅱ部　資　　料

	タイトル	責任表示	出版者	出版年	注　記
＊	自由民権	色川大吉著	岩波書店	1981	シリーズ名：岩波新書
＊	自由民権運動：近代のはじまり	児玉幸多ほか編集顧問	雄山閣出版	1981	シリーズ名：歴史公論ブックス；9
＊	自由民権の先駆者：奥宮健之の数奇な生涯	糸屋寿雄著	大月書店	1981	
＊	自由民権百年記念展要覧		自由民権百年高知県記念事業実行委員会	1981	
＊	自由民権百年：自由民権と現代		自由民権百年全国集会実行委員会	1981	自由民権運動関係年表あり．内容：民権百年の橋渡し－鈴木安蔵氏の私擬憲法研究の意義／田村貞雄著　ほか
＊	信州民権運動史	信州民権100年実行委員会編	銀河書房	1981	
＊	青年の風雪	平尾道雄著	高知新聞社	1981	シリーズ名：高知ふるさと文庫；2
＊	大正デモクラシー期の政治思想	栄沢幸二著	研文出版	1981	
＊	帝国議会と教育政策	本山幸彦編著	思文閣出版	1981	
＊	哲学・思想に関する17年間の雑誌文献目録.昭和23年－昭和39年；1	日外アソシエーツ「雑誌文献目録」編集部編	日外アソシエーツ	1981	各巻タイトル：一般、日本
＊	徳島自由民権運動史論	三好昭一郎著	教育出版センター	1981	シリーズ名：わたしの地域史；2
＊	那賀町史		那賀町	1981	
＊	日本婦人運動小史	山川菊栄著	大和書房	1981	新装版.シリーズ名：銀河選書
＊	羽仁五郎戦後著作集.3	羽仁五郎著	現代史出版会	1981	
＊	評伝田中義一：十五年戦争の原点	田崎末松著	平和戦略綜合研究所	1981	

第4章　植木枝盛関連図書目録　123

	タイトル	責任表示	出版者	出版年	注　記
＊	法学と憲法	萩野芳夫編	法律文化社	1981	
＊	明治期地方啓蒙思想家の研究：窪田次郎の思想と行動	有元正雄［ほか］著	渓水社	1981	
＊	読める年表. 7	川崎庸之ほか総監修	自由国民社	1981	各巻タイトル：明治大正篇／左方郁子執筆
＊	一億人の昭和史. 日本人：7		毎日新聞社	1982	各巻タイトル：三代の宰相たち；上（初代伊藤博文から33代林銑十郎まで）
＊	美しき祖国のために：歌曲集：關忠亮作品集	關忠亮著	芸術現代社	1982	楽譜資料. 内容：「民権かぞえうた」／植木枝盛［詩］　ほか
＊	大阪事件の研究	大阪事件研究会編著	柏書房	1982	
＊	沖縄自立への挑戦	新崎盛暉［ほか］編	社会思想社	1982	
＊	沖縄戦と教育：平和教育の原点を求めて	沖縄県教育文化資料センター平和教育研究委員会編	沖縄時事出版	1982	
＊	危機に立つ日本国憲法	田畑忍編	昭和堂	1982	
＊	教育の人民的発想：近代日本教育思想史研究への一視角	坂元忠芳著	青木書店	1982	シリーズ名：青木教育叢書
＊	憲法第九条	小林直樹著	岩波書店	1982	シリーズ名：岩波新書：黄版-196
＊	後衛の位置から：『現代政治の思想と行動』追補	丸山真男著	未来社	1982	
＊	講座・歴史教育. 1	加藤章[ほか]編	弘文堂	1982	各巻タイトル：歴史教育の歴史
＊	高知の研究. 第5巻	山本大編	清文堂出版	1982	各巻タイトル：近代篇
＊	古典近代文学とその環境	今井卓彌著	早稲田大学出版部	1982	

124　第Ⅱ部　資　料

	タイトル	責任表示	出版者	出版年	注　記
＊	社会文庫目録：鈴木茂三郎収集		日本近代文学館	1982	シリーズ名：日本近代文学館所蔵資料目録；5
＊	宗教と文学の地平	嶋岡晨著	春秋社	1982	シリーズ名：春秋選書
＊	自由民権思想と沖縄	比屋根照夫著	研文出版	1982	シリーズ名：研文選書；14
＊	自由民権百年の記録：自由民権百年全国集会報告集	自由民権百年全国集会実行委員会編	三省堂	1982	
＊	新聞集成明治編年史.第4巻	中山泰昌編	本邦書籍	1982	各巻タイトル：国会開設運動期；明治12年－同14年
＊	新聞集成明治編年史.第5巻	中山泰昌編	本邦書籍	1982	各巻タイトル：民論大弾圧期；明治15年－同17年
＊	図説土佐の歴史	平尾道雄著	講談社	1982	
＊	天狗党と民権：利根河畔の先行者たち	石川猶興著	三一書房	1982	
＊	同志社大学商学部六十年史	作道好男、作道克彦編集	教育文化出版教育科学研究所	1982	
＊	同時代への挑戦	色川大吉著	筑摩書房	1982	
＊	日本共産党の六十年：1922～1982		日本共産党中央委員会出版局	1982	
＊	日本生活協同組合運動史	山本秋著	日本評論社	1982	
＊	日本と東欧諸国の文化交流に関する基礎的研究：1981年9月国際シンポジウムの報告書	日本東欧関係研究会編	日本東欧関係研究会	1982	シリーズ名：トヨタ財団助成研究報告書
＊	日本はこれでいいのか市民連合	小田実[ほか]著	講談社	1982	
＊	福岡県社会福祉事業史.第1巻	福岡県社会福祉協議会編	福岡県社会福祉協議会	1982	
＊	明治憲法体制の確立：富国強兵と民力休養	坂野潤治著	東京大学出版会	1982	復刊

第4章　植木枝盛関連図書目録　125

	タイトル	責任表示	出版者	出版年	注　記
＊	明治国家の明暗：明治時代	小西四郎責任編集	旺文社	1982	シリーズ名：日本歴史展望：第11巻
＊	黙移：明治・大正文学史回想	相馬黒光著	法政大学出版局	1982	シリーズ名：教養選書；44
＊	和歌山県と植木枝盛：『植木枝盛日記』を手がかりとして	後藤正人著	和歌山地方史研究会	1982	シリーズ名：和歌山地方史研究
＊	家永三郎憲法裁判証言集		中央大学出版部	1983	
＊	神奈川県史．各論編；1	神奈川県県民部県史編集室編	神奈川県	1983	各巻タイトル：政治・行政
＊	北原泰作部落問題著作集．第3巻	部落問題研究所編	部落問題研究所出版部	1983	
＊	近代日本の哲学	古田光、鈴木正編著	北樹出版	1983	シリーズ名：現代哲学選書：16
＊	現代史と日本共産党		日本共産党中央委員会出版局	1983	
＊	現代日本の憲法	上野裕久編	法律文化社	1983	
＊	憲法講義	上田勝美著	法律文化社	1983	
＊	国民主権と天皇制	針生誠吉、横田耕一著	法律文化社	1983	シリーズ名：現代憲法大系：1
＊	市民社会の思想：水田洋教授退官記念論集	宮本憲一［ほか］編	御茶の水書房	1983	内容：反徴兵制の思想／大江志乃夫著　ほか
＊	主権・人権・平和：憲法と日本の現状	憲法教育研究会編	法律文化社	1983	
＊	証券人物百年史．1	黒沢正男著	政経時事	1983	限定版
＊	地域と自治体．第13集	自治体問題研究所編集	自治体研究所	1983	各巻タイトル：地域づくり論の新展開：地域活力の再生・「内発的発展」論をめぐって．内容：土佐自由民権運動の伝統と意義／外崎光広著　ほか

126　第Ⅱ部　資　　料

	タイトル	責任表示	出版者	出版年	注　記
＊	朝敵の世紀. 中	工藤宜著	朝日新聞社	1983	
＊	新島襄とその妻	福本武久著	新潮社	1983	
＊	日本共産党の60年：1922 −1982写真記録集		日本共産党中央委員会出版局	1983	
＊	日本近現代史料解説	佐治芳雄編	宗高書房	1983	
＊	日本女性史研究文献目録	女性史総合研究会編	東京大学出版会	1983	
＊	日本政治思想史研究	丸山眞男著	東京大学出版会	1983	新装版
＊	法と現代女性	木村実［ほか］共編	尚学社	1983	
＊	平和・軍縮のための教育	森田俊男著	新日本出版社	1983	
＊	民主主義日本の憲章	池上惇著	大月書店	1983	シリーズ名：科学全書；7
＊	山県有朋と富国強兵のリーダー	戸川猪佐武著	講談社	1983	シリーズ名：明治・大正の宰相；第2巻
＊	岩手人物論	七宮涬三著	熊谷印刷出版部	1984	
＊	植木枝盛研究	家永三郎著	岩波書店	1984	第8刷
＊	大分県史. 近代篇；1	大分県総務部総務課編	大分県	1984	
＊	北村透谷と徳富蘇峰	槙林滉二著	有精堂出版	1984	シリーズ名：新鋭研究叢書；1
＊	近代日本の女子教育	片山清一著	建帛社	1984	
＊	憲法論争：その経緯と焦点	日本放送協会編	日本放送出版協会	1984	
＊	講座日本教育史. 第3巻	「講座日本教育史」編集委員会編	第一法規出版	1984	各巻タイトル：近代2／近代3
＊	高知県の部落問題と同和教育	村越末男、横山嘉道編	明治図書出版	1984	シリーズ名：同和教育風土記；1
＊	高知新聞八十年史	八十年史編纂委員会編	高知新聞社	1984	

第4章　植木枝盛関連図書目録　127

タイトル	責任表示	出版者	出版年	注　記
＊　国際通貨発行特権の史的研究	有馬敏則著	日本学術振興会	1984	
＊　国民文化の形成	飛鳥井雅道編	筑摩書房	1984	
＊　地鳴り：困民党・須長漣造のはなし	阿部昭三原作；尾崎正道編著	有峰書店新社	1984	
＊　自由・平等をめざして：中江兆民と植木枝盛	松永昌三著	清水書院	1984	シリーズ名：清水新書；021．植木枝盛および中江兆民の肖像あり．『中江兆民と植木枝盛』（昭和47年刊）の改題．中江兆民・植木枝盛年譜あり．参考文献あり
＊　自由民権運動研究文献目録	自由民権百年全国集会実行委員会編	三省堂	1984	
＊　自由民権運動と教育	国民教育研究所・「自由民権運動と教育」研究会編	草土文化	1984	
＊　自由民権革命の研究	江村栄一著	法政大学出版会	1984	シリーズ名：叢書・歴史学研究
＊　シンポジウム幕末維新と山陽道．下	山陽新聞社編	山陽新聞社	1984	
＊　田中正造・河野広中・植木枝盛特別展示目録：第一回総選挙で当選した異色の政治家たち	憲政記念館編	憲政記念館	1984	
＊　徳富蘇峰と植木枝盛：枝盛の書簡から	高野静子著	吉川弘文館	1984	
＊　秩父事件〈佐久戦争〉を行く	上条宏之編著	銀河書房	1984	シリーズ名：銀河グラフィック選書；1
＊　土佐の自由民権	外崎光広著	高知市民図書館	1984	土佐の自由民権年表あり
＊　日本近代化の諸相	梅渓昇著	思文閣出版	1984	

128　第Ⅱ部 資　　料

	タイトル	責任表示	出版者	出版年	注　記
＊	日本国憲法	大西典茂［ほか］共著	法律文化社	1984	
＊	日本国憲法と部落問題	高野真澄著	解放出版社	1984	
＊	「日本国憲法」の証明	森村誠一著	現代史出版会	1984	
＊	日本史関係雑誌文献総覧.　下	国書刊行会編	国書刊行会	1984	
＊	日本の歴史.21		中央公論社	1984	シリーズ名：中公バックス.　各巻タイトル：近代国家の出発／色川大吉著
＊	『破戒』とその周辺：部落問題小説研究	川端俊英著	文理社	1984	
＊	平和学講義	山田浩編	勁草書房	1984	新訂版
＊	法制官僚の時代：国家の設計と知の歴程	山室信一著	木鐸社	1984	
＊	民権百年：その思想と運動	色川大吉著	日本放送出版協会	1984	シリーズ名：NHK ブックス；458
＊	民衆史の発見	色川大吉著	朝日新聞社	1984	シリーズ名：朝日選書；248
＊	明治刑法史の研究.　上	手塚豊著	慶応通信	1984	シリーズ名：手塚豊著作集：第 4 巻
＊	明治の逸材		暁教育図書	1984	シリーズ名：人物探訪日本の歴史；18
＊	われら平和憲法人：平和的共存権の確立のために	星野安三郎著	平和文化	1984	
＊	石川啄木：警世詩人	昆豊著	新典社	1985	シリーズ名：日本の作家；48
＊	大隈重信：進取の精神、学の独立	榛葉英治著	新潮社	1985	
＊	女よ弦を鳴らせ：竹村泰子の国会奮闘記	竹村泰子著	東陽書房	1985	
＊	刀差す身の情なさ：家永三郎論文創作集	家永三郎著	中央大学出版部	1985	
＊	久留米市史.　第 3 巻		久留米市	1985	

第4章 植木枝盛関連図書目録 129

	タイトル	責任表示	出版者	出版年	注 記
＊	結党四十年・日本社会党	飯塚繁太郎［ほか］著	行政問題研究所出版局	1985	
＊	憲法の科学的考察：上野裕久教授退官記念	稲田陽一［ほか編］	法律文化社	1985	
＊	稿本高知市史．現代編	高知市史編纂委員会編	高知市	1985	
＊	自由の雄叫び：自由民権運動と秩父事件	秩父事件百周年顕彰委員会編	ほおずき書籍	1985	
＊	自由民権運動と現代：自由民権百年第二回全国集会報告集	自由民権百年全国集会実行委員会編	三省堂	1985	
＊	自由民権より社会福祉：安達憲忠伝	内藤二郎著	文献出版	1985	
＊	戦後日本の教育理論：現代教育科学入門．上	小川利夫、柿沼肇編	ミネルヴァ書房	1985	
＊	高群逸枝と柳田国男	村上信彦著	大和書房	1985	新装版．シリーズ名：大和選書
＊	デモクラシーの思想と現実：岡本清一先生傘寿記念		法律文化社	1985	
＊	徳富蘇峰記念館所蔵民友社関係資料集	徳富蘇峰記念塩崎財団編	三一書房	1985	シリーズ名：民友社思想文学叢書；別巻
＊	日本近代史における転換期の研究	坂野潤治、宮地正人編	山川出版社	1985	
＊	日本社会福祉思想史の研究	守屋茂著	同朋舎出版	1985	
＊	橋川文三著作集．5	橋川文三著；神島二郎［ほか］編	筑摩書房	1985	
＊	竜馬軌跡	宮地佐一郎著	旺文社	1985	
＊	竜馬復活：自由民権家坂本直寛の生涯	吉田曠二著	朝日新聞社	1985	
＊	小野梓の研究	早稲田大学大学史編集所編	早稲田大学出版部	1986	小野梓没後百年記念

130　第Ⅱ部　資　　料

	タイトル	責任表示	出版者	出版年	注　記
＊	近代天皇制国家の成立	小松和生［著］	世界書院	1986	シリーズ名：社会科学選書
＊	近代日本の反権力思想：龍馬の『藩論』を中心に	関家新助著	法律文化社	1986	内容：『藩論』の理念と自由民権思想－枝盛と兆民を中心に　ほか
＊	草津市史．第3巻	草津市史編さん委員会編	草津市	1986	
＊	幻視の革命：自由民権と坂本直寛	松岡僖一著	法律文化社	1986	
＊	現代における平和憲法の使命	和田英夫［ほか］執筆	三省堂	1986	
＊	社会福祉の日本的特質	吉田久一編著	川島書店	1986	
＊	心眼の人山本覚馬	吉村康著	恒文社	1986	
＊	全国図書館案内	書誌研究懇話会編	三一書房	1986	増補新版
＊	東京空間1868～1930．第2巻	小木新造［ほか］編	筑摩書房	1986	
＊	日本キリスト教婦人矯風会百年史	日本キリスト教婦人矯風会編	ドメス出版	1986	
＊	日本近代化の思想	鹿野政直著	講談社	1986	シリーズ名：講談社学術文庫
＊	日本国憲法の証明	森村誠一著	徳間書店	1986	シリーズ名：徳間文庫
＊	日本社会福祉史	池田敬正著	法律文化社	1986	
＊	日本史をみなおす：地域から撃つ国家の幻想	田村貞雄著	青木書店	1986	内容：民権百年の橋渡し－鈴木安蔵氏の私擬憲法研究の意義　ほか
＊	日本の近代化と精神的伝統	モノロジー研究所編	広池学園出版部	1986	
＊	日本婦人論史．上	外崎光広著	ドメス出版	1986	各巻タイトル：女権論篇
＊	文学の近代	越智治雄著	砂子屋書房	1986	シリーズ名：文学論集；1．内容：啓蒙期の詩人たち－植木枝盛、外山正一、湯浅半月　ほか
＊	立憲主義の研究	中川剛著	法律文化社	1986	増訂版

第 4 章　植木枝盛関連図書目録　　131

	タイトル	責任表示	出版者	出版年	注　記
＊	検証・日本国憲法：理念と現実	憲法教育研究会編	法律文化社	1987	
＊	憲法と日本人	小林直樹著	東京大学出版会	1987	シリーズ名：UP 選書；257
＊	高知県の百年	山本大、福地惇著	山川出版社	1987	シリーズ名：県民100年史
＊	幸徳秋水研究	糸屋寿雄著	日本図書センター	1987	増訂版．シリーズ名：近代作家研究叢書：53
＊	国家概念の歴史的変遷．3	芳賀登著	雄山閣出版	1987	各巻タイトル：明治国家の形成
＊	国家は万能か	家永三郎［著］	岩波書店	1987	シリーズ名：岩波ブックレット；no.81
＊	国際政治下の近代日本：近現代	宮地正人著	山川出版社	1987	シリーズ名：日本通史；3
＊	酒造りの歴史	柚木学著	雄山閣出版	1987	シリーズ名：雄山閣 books；20
＊	女性解放の思想家たち	山田洸著	青木書店	1987	
＊	資料女性史論争	古庄ゆき子編集・解説	ドメス出版	1987	シリーズ名：論争シリーズ；3
＊	戦争放棄と平和的生存権	深瀬忠一著	岩波書店	1987	
＊	秩父事件文献総覧	埼玉県編	埼玉県	1987	『新編埼玉県史』別冊
＊	土佐の自由民権運動と教育	千葉昌弘著	土佐出版社	1987	植木枝盛〈教育論〉一覧あり
＊	土佐の自由民権運動家列伝：異色の運権運動家群像	山本大編	土佐出版社	1987	
＊	富山市史．通史	富山市史編さん委員会編	富山市	1987	2 冊
＊	内閣百年：内閣制度施行百年記念		内閣百年編纂委員会	1987	
＊	新島襄全集．3	新島襄著；新島襄全集編集委員会編	同朋舎出版	1987	各巻タイトル：書簡編：1
＊	日本憲法科学の曙光：鈴木安蔵博士追悼論集	鈴木安蔵博士追悼論集刊行会編	勁草書房	1987	

132 第Ⅱ部 資 料

	タイトル	責任表示	出版者	出版年	注 記
*	日本国会事始	春田国男著	日本評論社	1987	
*	日本社会福祉人物史. 上	田代国次郎、菊池正治編著	相川書房	1987	
*	婦人・生活・住宅に関する10年間の雑誌文献目録：昭和50年−昭和59年	日外アソシエーツ編	日外アソシエーツ	1987	
*	平和憲法の創造的展開：総合的平和保障の憲法学的研究	和田英夫〔ほか〕編	学陽書房	1987	
*	民主主義と差別のダイナミズム：女性差別の社会思想史	安川寿之輔、安川悦子著	明石書店	1987	
*	明治自由党の研究. 上巻	寺崎修著	慶応通信	1987	
*	夜明けの軌跡：かながわ近代の女たち	神奈川県立婦人総合センター、かながわ女性史編集委員会編著	ドメス出版	1987	
*	議会政治100年：生命をかけた政治家達	政党政治研究会著	徳間書店事業部	1988	
*	近代日本政党機関誌記事総覧. 第1巻	広瀬順晧〔ほか〕編	柏書房	1988	各巻タイトル：記事分類総目次編
*	黒岩涙香：探偵小説の元祖	伊藤秀雄著	三一書房	1988	
*	蘇峰とその時代：よせられた書簡から	高野静子著	中央公論社	1988	
*	天皇制と新「超国家主義」	榊利夫著	大月書店	1988	
*	土佐の自由民権運動	外崎光広著	高知市文化振興事業団	1988	シリーズ名：高知レポート；4. 土佐自由民権年表あり
*	長野県史. 通史編；第7巻	長野県編	長野県史刊行会	1988	各巻タイトル：近代1
*	新島襄：自由への戦略	吉田曠二著	新教出版社	1988	

第4章 植木枝盛関連図書目録　133

	タイトル	責任表示	出版者	出版年	注　記
＊	日本共産党の六十五年：1922〜1987. 第2巻		日本共産党中央委員会出版局	1988	
＊	日本近代史学の成立	大久保利謙著	吉川弘文館	1988	シリーズ名：大久保利謙歴史著作集；7
＊	日本女性解放思想の起源	山下悦子著	海鳴社	1988	
＊	日本政治史. 1	升味準之輔著	東京大学出版会	1988	各巻タイトル：幕末維新、明治国家の成立
＊	百代の過客：日記にみる日本人. 続	ドナルド・キーン著；金関寿夫訳	朝日新聞社	1988	愛蔵版. 内容：植木枝盛日記　ほか
＊	百代の過客：日記にみる日本人. 続；上	ドナルド・キーン著；金関寿夫訳	朝日新聞社	1988	シリーズ名：朝日選書；346. 内容：植木枝盛日記　ほか
＊	大正自由人物語	小松隆二著	岩波書店	1988	
＊	明治・青春の夢：革新的行動者たちの日記	嶋岡晨著	朝日新聞社	1988	シリーズ名：朝日選書；358. 内容：植木枝盛の日記－革新思想と性行動ほか
＊	明治の思想と文化	大久保利謙著	吉川弘文館	1988	シリーズ名：大久保利謙歴史著作集；6
＊	明治の政党特別展示目録	憲政記念館編集	憲政記念館	1988	内容：植木枝盛書状　ほか
＊	大山郁夫と大正デモクラシー：思想史的考察	藤原保信［著］	みすず書房	1989	
＊	近現代日本教育小史	国民教育研究所編	草土文化	1989	
＊	近代政治関係者年譜総覧. 戦前編；第1巻		ゆまに書房	1989	各巻タイトル：あ〜う. 内容：植木枝盛　ほか
＊	現代日本の憲法	上野裕久編	法律文化社	1989	新訂
＊	憲法の誕生	作品社編集部編	作品社	1989	シリーズ名：読本憲法の100年；第1巻
＊	小諸義塾の研究	高塚暁著	三一書房	1989	

134　　第Ⅱ部　資　　料

	タイトル	責任表示	出版者	出版年	注　記
＊	市民社会の思想：水田洋教授退官記念論集	宮本憲一［ほか］編	御茶の水書房	1989	新装版. 内容：反徴兵制の思想／大江志乃夫著ほか
＊	十五年戦争史. 4	藤原彰、今井清一編	青木書店	1989	各巻タイトル：占領と講和
＊	自由は土佐の山間より：自由民権百年第三回全国集会	土佐自由民権研究会編	三省堂	1989	
＊	新憲法の誕生	古関彰一著	中央公論社	1989	シリーズ名：中公叢書
＊	生存権・教育権	中村睦男、永井憲一著	法律文化社	1989	シリーズ名：現代憲法大系：7
＊	兆民とその時代	米原謙著	昭和堂	1989	
＊	天皇制と国民主権	新日本出版社編集部編	新日本出版社	1989	
＊	日本経済史. 3	梅村又次［ほか］編	岩波書店	1989	各巻タイトル：開港と維新／梅村又次、山本有造編
＊	日本ジャーナリズム史研究	西田長寿［著］	みすず書房	1989	
＊	日本の政治と言葉. 上	石田雄著	東京大学出版会	1989	各巻タイトル：「自由」と「福祉」
＊	日本婦人論史. 下	外崎光広著	ドメス出版	1989	各巻タイトル：婦人解放論篇
＊	日本保険思想の生成と展開	小林惟司著	東洋経済新報社	1989	
＊	母と子でみる反戦平和に生きた人びと	塩田庄兵衛、橋本進編	草の根出版会	1989	
＊	前田愛著作集. 第2巻	前田愛著	筑摩書房	1989	各巻タイトル：近代読者の成立
＊	民衆の側の戦争責任	高橋彦博著	青木書店	1989	
＊	明治維新の人物像	大久保利謙著	吉川弘文館	1989	シリーズ名：大久保利謙歴史著作集：8
＊	もう一つの天皇制構想：小田為綱文書「憲法草稿評林」の世界	小西豊治著	御茶の水書房	1989	

第 4 章　植木枝盛関連図書目録　　135

	タイトル	責任表示	出版者	出版年	注　記
＊	湯川秀樹著作集. 5	湯川秀樹著	岩波書店	1989	各巻タイトル：平和への希求／豊田利幸編集・解説
＊	右翼民族派・総覧. 平成 3 年	猪野健治編著	二十一世紀書院	1990	
＊	議会制度百年史. 院内会派編；衆議院の部	衆議院、参議院編	［衆議院］	1990	
＊	議会制度百年史. 議会制度編	衆議院、参議院編	［衆議院］	1990	
＊	議会制度百年史. 衆議院議員名鑑	衆議院、参議院編	［衆議院］	1990	
＊	議会制度百年史. 資料編	衆議院、参議院編	［衆議院］	1990	
＊	教育勅語と学校教育：思想統制に果した役割	高嶋伸欣［著］	岩波書店	1990	シリーズ名：岩波ブックレット；no.174
＊	近代日本と徳富蘇峰	和田守著	御茶の水書房	1990	
＊	現代国家の公共性分析	室井力［ほか］編	日本評論社	1990	
＊	高知県の教育史	山本大、千葉昌弘共著	思文閣出版	1990	シリーズ名：都道府県教育史
＊	国際化と異文化理解	筧文生、飛田就一編	法律文化社	1990	シリーズ名：国際摩擦と国際理解：3
＊	自由民権期教育史研究：近代公教育と民衆	片桐芳雄著	東京大学出版会	1990	
＊	自由民権思想の研究	松尾章一著	日本経済評論社	1990	増補・改訂
＊	照射と影	大野康雄作成；高橋正著		1990	大野康雄新聞スクラップ文庫．内容：植木枝盛ほか
＊	昭和史世相篇	色川大吉著	小学館	1990	
＊	図説岡山県の歴史	近藤義郎、吉田晶責任編集	河出書房新社	1990	シリーズ名：図説日本の歴史；33
＊	全集総合目録.1990	出版年鑑編集部編	出版ニュース社	1990	
＊	田野町史	田野町編	田野町	1990	内容：新憲法と植木枝盛ほか

136   第Ⅱ部 資　　料

	タイトル	責任表示	出版者	出版年	注　記
＊	鼎軒田口卯吉全集. 第5巻	鼎軒田口卯吉全集刊行会編	吉川弘文館	1990	昭和3年刊の複製
＊	天皇制と日の丸・君が代：長野県からの告発	長野県高等学校教職員組合「天皇制と日の丸・君が代」刊行委員会編	長野県高等学校教職員組合「天皇制と日の丸・君が代」刊行委員会	1990	
＊	日本国民の自己形成	北田耕也著	国土社	1990	シリーズ名：現代教育101選；30
＊	日本死刑白書	前坂俊之著	三一書房	1990	増補新版
＊	日本の経済思想家たち	杉原四郎著	日本経済評論社	1990	
＊	日本の死刑	村野薫編著	柘植書房	1990	
＊	プロテスタント人物史：近代日本の文化形成	キリスト教文化学会編	ヨルダン社	1990	
＊	明治七年の大論争：建白書から見た近代国家と民衆	牧原憲夫著	日本経済評論社	1990	
＊	闇に育つ光：日韓民衆連帯運動・私の記憶	伊藤成彦著	谷沢書房	1990	
＊	歴史資料保存機関総覧. 西日本	地方史研究協議会編	山川出版社	1990	増補改訂版
＊	歴史誕生. 2	NHK歴史誕生取材班編	角川書店	1990	内容：我、赤ジュウタンに立つ－明治二三年、第一回帝国議会　ほか
＊	植木枝盛集月報. 1－10		岩波書店	1990-1991	
＊	植木枝盛の生涯：解説目録：1990年度特別展	高知市立自由民権記念館編	高知市立自由民権記念館	1991	
＊	植木枝盛と藤井教厳の明治義塾	田村貞雄著	田村貞雄	1991	
＊	科学的社会主義の不滅の党として	宮本顕治著	新日本出版社	1991	

第 4 章 植木枝盛関連図書目録 137

タイトル	責任表示	出版者	出版年	注 記
＊ 近代日本の思想像：啓蒙主義から超国家主義まで	井田輝敏著	法律文化社	1991	内容：明治前期の「抵抗権」思想－福沢諭吉と植木枝盛を中心として ほか
＊ 現代日本社会. 第4巻	東京大学社会科学研究所編	東京大学出版会	1991	
＊ 憲法構造の歴史と位相	植野妙実子編	南雲堂	1991	
＊ 憲法政策論	小林直樹著	日本評論社	1991	
＊ 子どもの権利条約学校は変わるのか	教育科学研究会編	国土社	1991	シリーズ名：『教育』別冊；4
＊ 高知市立自由民権記念館：常設展示の案内	高知市立自由民権記念館	高知市立自由民権記念館	1991	
＊ 渋川市誌. 第3巻	渋川市市誌編さん委員会編	渋川市	1991	各巻タイトル：通史編－下；近代・現代
＊ 島田三郎と近代日本：孤高の自由主義者	井上徹英著	明石書店	1991	
＊ 女性史研究入門	歴史科学協議会編	三省堂	1991	
＊ 新聞記者の誕生：日本のメディアをつくった人びと	山本武利著	新曜社	1991	
＊ 新聞集成昭和史の証言. 第22巻		ＳＢＢ出版会	1991	各巻タイトル：昭和二十二年：二・一スト／制度の改革
＊ スーパー日本史	古川清行著	講談社	1991	
＊ 制度と自由	井上達夫［ほか］著	岩波書店	1991	シリーズ名：現代哲学の冒険；13
＊ 戦後日本家族法の民主化. 下巻	西村信雄著	法律文化社	1991	
＊ 伝記・評伝全情報：45／89. 日本・東洋編；上	日外アソシエーツ株式会社編	日外アソシエーツ	1991	各巻タイトル：あ～そ
＊ 遠山茂樹著作集. 第3巻	遠山茂樹著	岩波書店	1991	各巻タイトル：自由民権運動とその思想

138　第Ⅱ部　資　　料

	タイトル	責任表示	出版者	出版年	注　記
＊	日本史のなかの湖国：地域史の再発見	苗村和正著	文理閣	1991	内容：植木枝盛日記の人々－植木枝盛と湖国ほか
＊	被差別部落の形成と展開	三好昭一郎著	柏書房	1991	改訂新版
＊	房総地域史の諸問題	三浦茂一先生還暦記念会編	国書刊行会	1991	
＊	ホッブズ哲学と近代日本	高橋真司著	未来社	1991	
＊	民衆史：その100年	色川大吉［著］	講談社	1991	シリーズ名：講談社学術文庫
＊	明治維新と天皇	遠山茂樹著	岩波書店	1991	シリーズ名：岩波セミナーブックス；34
＊	明六社の人びと	戸沢行夫著	築地書館	1991	
＊	歴史をひらく愛と結婚	福岡女性学研究会編	ドメス出版	1991	内容：森有礼と植木枝盛－言行一致と言行不一致ほか
＊	植木枝盛：民権青年の自我表現	米原謙著	中央公論社	1992	シリーズ名：中公新書；1086．植木枝盛の肖像あり．文献・略年譜あり
＊	近代川崎の民衆史：明治人とその風土	小林孝雄著	けやき出版	1992	
＊	近代天皇制と宗教的権威	國學院大學日本文化研究所編	同朋舎出版	1992	
＊	近代文学閑談	西田勝著	三一書房	1992	
＊	憲政記念館の二十年	衆議院憲政記念館編	衆議院憲政記念館	1992	
＊	高知城とその周辺ガイドブック	土佐観光ガイドボランティア協会編	高知市観光課	1992	内容：植木枝盛旧邸　ほか
＊	国家と宗教：日本思想史論集	源了円、玉懸博之共編	思文閣出版	1992	
＊	「自由新聞」を読む：自由党にとっての自由民権運動	松岡僖一著	ユニテ	1992	
＊	純粋法学と憲法理論	新正幸著	日本評論社	1992	シリーズ名：現代憲法理論叢書

第 4 章　植木枝盛関連図書目録　139

	タイトル	責任表示	出版者	出版年	注　記
＊	人権の普遍性と歴史性：フランス人権宣言と現代憲法	辻村みよ子著	創文社	1992	
＊	世紀末家族：ちちははの海はどこへ	永畑道子著	国土社	1992	
＊	戦争と平和の理論	芝田進午編	勁草書房	1992	
＊	忠誠と反逆：転形期日本の精神史的位相	丸山眞男著	筑摩書房	1992	
＊	遠山茂樹著作集. 第 9 巻	遠山茂樹著	岩波書店	1992	各巻タイトル：歴史学の課題と現代
＊	土佐雑感：雷の鳴る頃	高本薫明著	高知県労働基準協会連合会	1992	
＊	土佐自由民権運動史	外崎光広著	高知市文化振興事業団	1992	土佐自由民権運動略年譜あり
＊	日本近代国家の成立と警察	大日方純夫著	校倉書房	1992	シリーズ名：歴史科学叢書
＊	日本の自治文化：日本人と地方自治	佐藤進著	ぎょうせい	1992	
＊	日本遊行宗教論	真野俊和著	吉川弘文館	1992	シリーズ名：日本歴史民俗叢書
＊	人間の歴史を考える. 8	宮本憲一［ほか］編	岩波書店	1992	シリーズ名：岩波市民大学. 各巻タイトル：女性の権利の歴史／辻村みよ子、金城清子編
＊	非戦・平和の論理	田畑忍編	法律文化社	1992	
＊	平和憲法の理論	山内敏弘著	日本評論社	1992	
＊	平和と民主教育の憲法論：星野安三郎先生古稀記念論文集	星野安三郎先生古稀記念論文集刊行委員会編	勁草書房	1992	
＊	法学・憲法論	吉田善明編著	敬文堂	1992	
＊	北海道議会開設運動の研究	船津功著	北海道大学図書刊行会	1992	シリーズ名：札幌学院大学選書：3

140　第Ⅱ部　資　　料

	タイトル	責任表示	出版者	出版年	注　記
＊	明治維新の革新と連続：政治・思想状況と社会経済	近代日本研究会編	山川出版社	1992	シリーズ名：年報・近代日本研究；14
＊	明治国家形成と井上毅	梧陰文庫研究会編	木鐸社	1992	
＊	良心的兵役拒否の思想	阿部知二著	岩波書店	1992	第9刷. シリーズ名：岩波新書
＊	岩波文庫版『自由党史』人名索引	高知市立自由民権記念館編	高知市立自由民権記念館	1993	
＊	育児のエスプリ：知恵の宝石箱	毛利子来著	新潮社	1993	内容：親のつとめ－植木枝盛　ほか
＊	小野梓伝：伝記・小野梓	西村真次著	大空社	1993	シリーズ名：伝記叢書；122. 冨山房昭和10年刊の複製
＊	教育の自由：日本における形成と理論	荒井誠一郎著	日本評論社	1993	
＊	近現代日本の平和思想：平和憲法の思想的源流と発展	田畑忍編著	ミネルヴァ書房	1993	シリーズ名：Minerva21世紀ライブラリー：5. 内容：植木枝盛の「無上政法論」／後藤正人著ほか
＊	近代読者の成立	前田愛著	岩波書店	1993	シリーズ名：同時代ライブラリー：151
＊	近代と被差別部落	秋定嘉和著	部落解放研究所	1993	
＊	近代日本政治思想史発掘：平和・キリスト教・国家	宮本盛太郎[ほか] 著	風行社	1993	
＊	近代日本の形成と西洋経験	松沢弘陽著	岩波書店	1993	
＊	権利の法社会史：近代国家と民衆運動	後藤正人著	法律文化社	1993	
＊	幸徳秋水	塩田庄兵衛著	新日本出版社	1993	シリーズ名：新日本新書
＊	後藤象二郎と近代日本	大橋昭夫著	三一書房	1993	
＊	酒つくり自由化宣言：生きてる酒を手造りで	穂積忠彦、笹野好太郎著	農山漁村文化協会	1993	

第4章　植木枝盛関連図書目録　　141

	タイトル	責任表示	出版者	出版年	注　記
＊	宗教のなかの女性史	奥田暁子、岡野治子編著	青弓社	1993	
＊	自由民権運動の生成と発展	大木三郎著	八千代出版	1993	
＊	女性差別の社会思想史	安川寿之輔、安川悦子著	明石書店	1993	
＊	新視点日本の歴史．第6巻		新人物往来社	1993	各巻タイトル：近代編
＊	世紀を超えて：報知新聞120年史：郵便報知からスポーツ報知まで	報知新聞社社史刊行委員会編	報知新聞社	1993	
＊	土佐史さんぽ．5	大野康雄作成	大野康雄	1993	シリーズ名：大野康雄新聞スクラップ文庫．内容：植木枝盛誕生地　ほか
＊	中江兆民評伝	松永昌三著	岩波書店	1993	
＊	新島襄－近代日本の先覚者：新島襄生誕一五〇年記念論集	同志社編	晃洋書房	1993	
＊	日本教育史	三好信浩編	福村出版	1993	シリーズ名：教職科学講座；第2巻
＊	日本教育史	寄田啓夫、山中芳和編著	ミネルヴァ書房	1993	シリーズ名：教職専門シリーズ；2．内容：欧化思潮ならびに教育思潮の変遷　ほか
＊	福島正夫著作集．第4巻	福島正夫著	勁草書房	1993	各巻タイトル：民法（土地・登記）
＊	明治維新と自由民権	石井孝著	有隣堂	1993	
＊	明治精神の構造	松本三之介著	岩波書店	1993	シリーズ名：同時代ライブラリー：165
＊	吉田久一著作集．7	吉田久一著	川島書店	1993	各巻タイトル：社会福祉・宗教論集：同時代史を語る－八重山戦日記他
＊	わだつみの友へ	色川大吉著	岩波書店	1993	シリーズ名：同時代ライブラリー：164
＊	岩波講座日本通史．第17巻	朝尾直弘［ほか］編	岩波書店	1994	

142　第Ⅱ部　資　　料

タイトル	責任表示	出版者	出版年	注　記
＊　大津事件の再構成	新井勉著	御茶の水書房	1994	
＊　北村透谷	色川大吉著	東京大学出版会	1994	
＊　近現代史の授業づくり．日本史編	歴史教育者協議会編	青木書店	1994	
＊　講座・憲法学．第2巻	樋口陽一編著	日本評論社	1994	各巻タイトル：主権と国際社会
＊　社会保障史恩恵から権利へ：イギリスと日本の比較研究	伊藤周平著	青木書店	1994	
＊　昭和史世相篇	色川大吉著	小学館	1994	シリーズ名：小学館ライブラリー
＊　土佐自由民権運動日録	土佐自由民権研究会編	高知市文化振興事業団	1994	
＊　史料道徳教育の研究	岩本俊郎［ほか］編	北樹出版	1994	
＊　人物でたどる日本の歴史．4	歴史教育者協議会編	岩崎書店	1994	シリーズ名：学習にやくだつ知っておきたい人びと．内容：近代（明治、大正）
＊　土佐史さんぽ．6	大野康雄作成	大野康雄	1994	シリーズ名：大野康雄新聞スクラップ文庫．内容：植木枝盛墓所　ほか
＊　土佐の自由民権運動	外崎光広著	高知市文化振興事業団	1994	シリーズ名：高知レポート：4．土佐自由民権略年表あり
＊　西原清東研究	間宮国夫著	高知市民図書館	1994	
＊　日清戦争の研究	中塚明著	青木書店	1994	初版：1968年
＊　日本近現代史の発展．上	加藤文三著	新日本出版社	1994	
＊　日本近代思想と教育	河原美耶子著	成文社	1994	
＊　日本女性史入門講座．2	吉見周子著	同成社	1994	

第4章 植木枝盛関連図書目録 143

	タイトル	責任表示	出版者	出版年	注　記
＊	日本の群像	日外アソシエーツ株式会社編	日外アソシエーツ	1994	シリーズ名：読書案内・伝記編
＊	日本の社会福祉思想	吉田久一著	勁草書房	1994	
＊	日本の悲劇と理想	平泉澄著	錦正社	1994	普及版
＊	ニュースで追う明治日本発掘. 1	鈴木孝一編	河出書房新社	1994	各巻タイトル：戊辰戦争・文明開化・征韓論の時代
＊	ニュースで追う明治日本発掘. 2	鈴木孝一編	河出書房新社	1994	各巻タイトル：西南戦争・自由民権・毒婦お伝の時代
＊	ニュースで追う明治日本発掘. 3	鈴木孝一編	河出書房新社	1994	各巻タイトル：板垣遭難・秩父困民党・鹿鳴館の時代
＊	ニュースで追う明治日本発掘. 4	鈴木孝一編	河出書房新社	1994	各巻タイトル：憲法発布・大津事件・壮士と決闘の時代
＊	評伝徳富蘇峰：近代日本の光と影	ビン・シン著；杉原志啓訳	岩波書店	1994	
＊	変革における民衆：『夜明け前』の実像	上条宏之著	銀河書房	1994	
＊	宮武外骨此中にあり：雑誌集成. 第23巻	吉野孝雄監修	ゆまに書房	1994	複製. 各巻タイトル：民本主義・幸徳一派大逆事件顛末：他
＊	明治維新と宗教	羽賀祥二著	筑摩書房	1994	
＊	明治国家の軌跡	宇野俊一著	梓出版社	1994	
＊	横浜の本と文化：横浜市中央図書館開館記念誌	横浜市中央図書館開館記念誌編集委員会編	横浜市中央図書館	1994	
＊	読売新聞百二十年史	読売新聞社編	読売新聞社	1994	
＊	家永三郎対談集：教科書裁判の30年	家永三郎著	民衆社	1995	
＊	井上毅研究	木野主計著	続郡書類従完成会	1995	シリーズ名：木野主計著作集；第1巻

144   第Ⅱ部　資　　料

	タイトル	責任表示	出版者	出版年	注　記
＊	いばらき女性のあゆみ	いばらき女性史編さん事業委員会編	茨城新聞社	1995	
＊	色川大吉著作集. 第1巻	色川大吉著	筑摩書房	1995	各巻タイトル：新編明治精神史
＊	色川大吉著作集. 第2巻	色川大吉著	筑摩書房	1995	各巻タイトル：近代の思想
＊	植木枝盛評伝：自由民権運動を貫くその生涯と思想	佐野利道著、下田自治体問題研究会著	下田自治体問題研究会	1995	
＊	女と男の時空：日本女性史再考. 5	鶴見和子他監修	藤原書店	1995	各巻タイトル：闘ぎ合う女と男－近代／奥田暁子編
＊	柯公全集. 第2巻	大庭柯公著	大空社	1995	柯公全集刊行会大正14年刊の複製
＊	軍隊で平和は築けるか：憲法第九条の原理と私たちの選択	伊藤成彦著	社会評論社	1995	
＊	講座・憲法学. 第1巻	樋口陽一編著	日本評論社	1995	各巻タイトル：憲法と憲法学
＊	自由民権期の政治思想：人権・地方自治・平和	出原政雄著	法律文化社	1995	内容：植木枝盛の平和構想　ほか
＊	自由民権と明治憲法	江村栄一編	吉川弘文館	1995	シリーズ名：近代日本の軌跡：2
＊	女性と家族：近代化の実像	篠塚英子著	読売新聞社	1995	シリーズ名：20世紀の日本：8
＊	新憲法の誕生	古関彰一著	中央公論社	1995	シリーズ名：中公文庫
＊	人文社会全集講座内容綜覧. 社会編	日外アソシエーツ株式会社編	日外アソシエーツ	1995	
＊	政治・行政問題の本全情報. 1995－2001	日外アソシエーツ株式会社編	日外アソシエーツ	1995	
＊	戦後史から何を学ぶか	歴史教育者協議会編	青木書店	1995	

第4章　植木枝盛関連図書目録　　145

	タイトル	責任表示	出版者	出版年	注　記
＊	知識人の天皇観：天皇制の内圧を問う	現代思想研究会編著	三一書房	1995	内容：植木枝盛の天皇観ほか
＊	朝鮮・中国と帝国日本	井口和起［著］	岩波書店	1995	シリーズ名：岩波ブックレット－シリーズ日本近代史；no.4
＊	二十世紀の日本文学	喜多川恒男［ほか］編	白地社	1995	
＊	日本国憲法論	吉田善明著	三省堂	1995	新版
＊	日本社会福祉理論史	吉田久一著	勁草書房	1995	
＊	日本人の行動文法	竹内靖雄著	東洋経済新報社	1995	
＊	日本政治史の中の知識人：自由主義と社会主義の交錯．下	竹中佳彦著	木鐸社	1995	
＊	日本的自治の探求：名望家自治論の系譜	石川一三夫著	名古屋大学出版会	1995	
＊	日本の国際主義：20世紀史への問い	天児慧著	国際書院	1995	シリーズ名：国際関係シリーズ；10
＊	日本の女性	日外アソシエーツ株式会社編	日外アソシエーツ	1995	シリーズ名：読書案内・伝記編
＊	日本の文化思想	大風重夫著	近代文芸社	1995	
＊	日本文壇史．4	伊藤整［著］	講談社	1995	シリーズ名：講談社文芸文庫-回想の文学．各巻タイトル：硯友社と一葉の時代
＊	日本陽明学奇蹟の系譜	大橋健二著	叢文社	1995	
＊	幕末・明治期の国民国家形成と文化変容	西川長夫、松宮秀治編	新曜社	1995	
＊	まだ終わっていない私の戦後史：佐野利道著作集	佐野利道著；下田自治体問題研究会編	下田自治体問題研究会	1995	内容：植木枝盛評伝
＊	わが道はつねに吹雪けり：十五年戦争前夜	高群逸枝著；永畑道子編著	藤原書店	1995	
＊	育児のエスプリ：知恵の宝石箱	毛利子来著	新潮社	1996	シリーズ名：新潮文庫；も-17-1．内容：親のつとめ－植木枝盛　ほか

146　第Ⅱ部　資　　料

	タイトル	責任表示	出版者	出版年	注　記
＊	色川大吉著作集. 第4集	色川大吉著	筑摩書房	1996	各巻タイトル：地域と歴史
＊	色川大吉著作集. 第5巻	色川大吉著	筑摩書房	1996	各巻タイトル：人と思想
＊	岩波講座現代社会学. 第8巻	井上俊[ほか]編	岩波書店	1996	各巻タイトル：文学と芸術の社会学
＊	岩波書店八十年	岩波書店編	岩波書店	1996	
＊	琉球弧の発信：くにざかいの島々から	高良勉著	御茶の水書房	1996	
＊	片岡健吉先生の生涯	片岡健吉先生銅像再建期成会編	大空社	1996	シリーズ名：伝記叢書；234. 片岡健吉先生銅像再建期成会昭和38年刊の複製
＊	近現代史の真実は何か：藤岡信勝氏の「歴史教育・平和教育」論批判	藤原彰、森田俊男編	大月書店	1996	
＊	近代日本精神史論	坂本多加雄著	講談社	1996	シリーズ名：講談社学術文庫
＊	近代日本政党史研究	林茂［著］	みすず書房	1996	内容：植木枝盛の憲法私案と所謂立志社案の起草ほか
＊	近代日本地域民衆教育成立過程の研究：近代学校の成立と自由民権運動の展開	千葉昌弘著	梓出版社	1996	
＊	近代日本の国家構想：1871－1936	坂野潤治著	岩波書店	1996	
＊	近代日本の先駆的啓蒙家たち：福沢諭吉・植木枝盛・徳富蘇峰・北村透谷・田岡嶺雲	デ・ペ・ブガーエワ著；亀井博訳	平和文化	1996	内容：「自由は鮮血を以って買はざる可からざる論」－植木枝盛論　ほか
＊	現代社会と人権	阿部頼孝著	梓出版社	1996	
＊	憲法講義	上田勝美著	法律文化社	1996	新版
＊	憲法政治：軌跡と展開	吉田善明［ほか］編著	敬文堂	1996	

第4章　植木枝盛関連図書目録　　147

	タイトル	責任表示	出版者	出版年	注　記
＊	「言論の死」まで：『朝日新聞社史』ノート	坂本竜彦著	岩波書店	1996	シリーズ名：同時代ライブラリー；260
＊	高知市北部・西部地区ガイドブック	土佐観光ガイドボランティア協会編著	高知市観光課	1996	内容：植木枝盛誕生地の碑　ほか
＊	声なき声のたより. 第2巻		思想の科学社	1996	
＊	自由民権の民衆像：秩父困民党の農民たち	中沢市郎著	新日本出版社	1996	改訂版. シリーズ名：新日本新書
＊	全集日本の食文化. 第6巻	芳賀登、石川寛子監修	雄山閣出版	1996	各巻タイトル：和菓子・茶・酒
＊	天賦人権論と功利主義：小野梓の政治思想	荻原隆著	新評論	1996	シリーズ名：名古屋学院大学産業科学研究所研究叢書；13
＊	土佐自由民権家の墓碑並びに業績	山本泰三著	高知市立自由民権記念館友の会	1996	シリーズ名：高知市立自由民権記念館友の会ブックレット. 内容：植木枝盛（高知市）　ほか
＊	福沢諭吉と大坂	森田康夫著	和泉書院	1996	シリーズ名：日本史研究叢刊；7
＊	ベストガイド日本の名著	小田切秀雄編	自由国民社	1996	シリーズ名：総解説シリーズ
＊	明治思想史：近代国家の創設から個の覚醒まで	松本三之介著	新曜社	1996	シリーズ名：ロンド叢書；5
＊	明治思想における伝統と近代	松本三之介著	東京大学出版会	1996	
＊	明治の女性展図録：一九九六年度特別展	高知市立自由民権記念館編	高知市立自由民権記念館	1996	
＊	黙移	相馬黒光［著］	郷土出版社	1996	新装版. シリーズ名：相馬愛蔵・黒光著作集；3
＊	歴史の道・再発見. 第6巻		フォーラム・A	1996	各巻タイトル：サヌカイトから自由民権まで－南海道をあるく
＊	論集樋口一葉	樋口一葉研究会編	おうふう	1996	

148　第Ⅱ部　資　　料

	タイトル	責任表示	出版者	出版年	注　記
＊	植木枝盛の生涯	外崎光広著	高知市文化振興事業団	1997	植木枝盛年譜あり．植木枝盛親族図あり
＊	近代大阪と部落問題	北崎豊二著	部落解放研究所	1997	
＊	近代天皇制国家と民衆・アジア．上	松尾章一著	法政大学出版局	1997	
＊	近代日本の公民教育：教科書の中の自由・法・競争	松野修著	名古屋大学出版会	1997	内容：自由民権論争における「自由競争」の理解ほか
＊	慶應義塾三田の政治家たち	野村英一[著]	雄山閣出版	1997	
＊	憲法を愛していますか：金森徳次郎憲法論集	金森徳次郎著；鈴木正編・解説	農山漁村文化協会	1997	シリーズ名：人間選書；202
＊	玄洋社発掘：もうひとつの自由民権	石瀧豊美著	西日本新聞社	1997	増補版．内容：ベストセラー－植木の『自由民権論』ほか
＊	高知の近代文学素描：悲傷と反骨の系譜	高橋正著	土佐文化資料調査研究会	1997	内容：植木枝盛1～3
＊	「自由主義史観」の病理：続・近現代史の真実は何か	松島榮一、城丸章夫編	大月書店	1997	
＊	女性と人権：歴史と理論から学ぶ	辻村みよ子著	日本評論社	1997	
＊	尋常中学校の成立	新谷恭明著	九州大学出版会	1997	
＊	政治と女性	総合女性史研究会編	吉川弘文館	1997	シリーズ名：日本女性史論集；2
＊	千葉県近現代の政治と社会	千葉歴史学会編	岩田書院	1997	シリーズ名：千葉史学叢書；4
＊	帝国主義日本にnoと言った軍人水野広徳	大内信也著	雄山閣出版	1997	
＊	土佐自由民権を読む：全盛期の機関紙と民衆運動	松岡僖一著	青木書店	1997	

第4章　植木枝盛関連図書目録　149

	タイトル	責任表示	出版者	出版年	注　記
*	日清・日露の戦い：明治時代・後期	樋口清之監修；福田三郎まんが	学研プラス	1997	シリーズ名：学研まんが日本の歴史；13
*	日本の地方自治：理論・歴史・政策	中西啓之著	自治体研究所	1997	シリーズ名：現代自治選書；11
*	相馬黒光：黙移	相馬黒光著	日本図書センター	1997	シリーズ名：人間の記録；26
*	橋川文三氏旧蔵書籍目録（通称橋川文庫）	慶應義塾福澤研究センター編	慶應義塾福澤研究センター	1997	シリーズ名：慶應義塾福澤研究センター近代日本研究資料；7
*	〈法〉の歴史	村上淳一著	東京大学出版会	1997	
*	龍馬の時代：京を駆けた志士群像	木村幸比古著	高知新聞社	1997	
*	植木枝盛：『続蘇峰とその時代』に収録	高野静子著	徳富蘇峰記念館	1998	
*	植木枝盛研究	家永三郎著	岩波書店	1998	第9刷
*	教育と思想	石崎昇子、塩見美奈子［編］	吉川弘文館	1998	シリーズ名：日本女性史論集；8
*	教師という〈幻想〉	柿沼昌芳、永野恒雄編著	批評社	1998	シリーズ名：戦後教育の検証；5
*	草の根の反戦・抵抗の歴史に学ぶ	歴史教育者協議会編	平和文化	1998	
*	憲法史の面白さ：対談集	大石眞［ほか］編	信山社出版	1998	シリーズ名：日本憲法史叢書；2
*	憲法第九条の復権：沖縄・アジアの視点から考える	内田雅敏著	樹花舎	1998	
*	個人著作集内容総覧.4	日外アソシエーツ株式会社編	日外アソシエーツ	1998	各巻タイトル：社会
*	社会福祉事業の歴史	野本三吉著	明石書店	1998	
*	写真と書簡による島崎藤村伝	伊東一夫、青木正美編	国書刊行会	1998	シリーズ名：島崎藤村コレクション；第1巻
*	酒造経済史の研究	柚木学著	有斐閣	1998	シリーズ名：関西学院大学経済学研究叢書；27

150　　第Ⅱ部　資　　　料

	タイトル	責任表示	出版者	出版年	注　記
*	女性と運動	桜井由幾、早川紀代編	吉川弘文館	1998	シリーズ名：日本女性史論集；10
*	続蘇峰とその時代：小伝鬼才の書誌学者島田翰他	高野静子著	徳富蘇峰記念館	1998	内容：植木枝盛　ほか
*	武市佐市郎集. 第1巻	武市佐市郎著	高知市民図書館	1998	各巻タイトル：歴史編；上. 内容：植木枝盛演説会場　ほか
*	堕落日本の破壊と創造	武井義彦著	文芸社	1998	
*	忠誠と反逆	丸山眞男著	筑摩書房	1998	別タイトル：忠誠と反逆－転形期日本の精神史的位相. シリーズ名：ちくま学芸文庫. 底本「忠誠と反逆：転形期日本の精神史的位相」（筑摩書房、1992年6月刊）
*	都市民権派の形成	澤大洋著	吉川弘文館	1998	
*	日記書簡集解題目録. 2	日外アソシエーツ編集部編	日外アソシエーツ	1998	
*	日本近代思想のアジア的意義	卞崇道著	農山漁村文化協会	1998	シリーズ名：人間選書；223-中国における日本思想の研究：3
*	日本社会教育史と生涯学習	大串隆吉著	エイデル研究社	1998	新版
*	日本の安全保障と基地問題：平和のうちに安全に生きる権利	日本弁護士連合会編	明石書店	1998	
*	日本の近代化と儒学	王家驊著	農山漁村文化協会	1998	シリーズ名：人間選書；221-中国における日本思想の研究：2
*	日本の社会保障	柴田嘉彦著	新日本出版社	1998	
*	平和憲法と新安保体制	憲法研究所、上田勝美編	法律文化社	1998	
*	三田演説会と慶應義塾系演説会	松崎欣一著	慶應義塾大学出版会	1998	シリーズ名：福澤研究センター叢書

第4章　植木枝盛関連図書目録　151

	タイトル	責任表示	出版者	出版年	注　記
＊	明治前期大陸政策史の研究	安岡昭男著	法政大学出版局	1998	
＊	私の「女性学」講義：ジェンダーと制度	小松満貴子著	ミネルヴァ書房	1998	4訂版．シリーズ名：シリーズ〈女・あすに生きる〉；1
＊	機関紙の歴史．戦前・戦中編	市原実［ほか］監修；日本機関誌協会大阪府本部編著	日本機関誌出版センター	1999	
＊	近代日本思想案内	鹿野政直著	岩波書店	1999	シリーズ名：岩波文庫別冊；14
＊	近代日本女性論の系譜	金子幸子著	不二出版	1999	
＊	近代日本における制度と思想：明治法思想史研究序説	中村雄二郎著	未來社	1999	新装版
＊	近代日本のアジア主義の歴史的研究：日清戦争による変容を中心として	黒木彬文、福岡国際大学［著］		1999	文部省科学研究費補助金研究成果報告書
＊	小国主義：日本の近代を読みなおす	田中彰著	岩波書店	1999	シリーズ名：岩波新書；新赤版-609．内容：自由民権期の高揚と伏流化－植木枝盛・中江兆民の位置　ほか
＊	「昭和」という国家	司馬遼太郎著	日本放送出版協会	1999	シリーズ名：NHKブックス
＊	中国侵略の空白：三光作戦と細菌戦	「アジア・太平洋地域の戦争犠牲者に思いを馳せ、心に刻む集会」実行委員会編	東方出版	1999	シリーズ名：アジアの声；第12集
＊	大正哲学史研究	船山信一著	こぶし書房	1999	シリーズ名：船山信一著作集：第7巻
＊	転生の都市・京都：民衆の社会と生活	辻ミチ子著	阿吽社	1999	
＊	明治国家の建設：1871～1890	坂本多加雄著	中央公論社	1999	シリーズ名：日本の近代；2

152 第Ⅱ部 資　料

タイトル	責任表示	出版者	出版年	注　記
* 明治社会教育思想史研究	北田耕也著	学文社	1999	シリーズ名：明治大学人文科学研究所叢書
* 明治哲学史研究	船山信一著	こぶし書房	1999	シリーズ名：船山信一著作集：第6巻
* 明治のセクシュアリティ：差別の心性史	三橋修著	日本エディタースクール出版部	1999	
* メディア都市・京都の誕生：近代ジャーナリズムと諷刺漫画	今西一著	雄山閣出版	1999	
* 黙移：相馬黒光自伝	相馬黒光著	平凡社	1999	シリーズ名：平凡社ライブラリー
* 立憲国家の確立と伊藤博文：内政と外交1889〜1898	伊藤之雄著	吉川弘文館	1999	
* 良心と至誠の精神史：日本陽明学の近現代	大橋健二著	勉誠出版	1999	
* 紀田順一郎著作集．第1巻	紀田順一郎著	三一書房	2000	
* 近代日本の宗教と国家：その相克の諸相	井上卓治著	東京図書出版会	2000	
* 憲法	辻村みよ子著	日本評論社	2000	
* 憲法史と憲法解釈	大石眞著	信山社出版	2000	シリーズ名：日本憲法史叢書：5
* 憲法を考える．2		現代史料出版	2000	内容：第147回国会参議院憲法調査会議録第1回(2000年1月20)－第8回(2000年5月17)
* 公共圏の歴史的創造：江湖の思想へ	東島誠著	東京大学出版会	2000	
* 高知県立高知小津高等学校校舎総合落成記念誌：創立百二十六周年		高知県立高知小津高等学校	2000	内容：植木枝盛　ほか
* 個人と国家：今なぜ立憲主義か	樋口陽一著	集英社	2000	シリーズ名：集英社新書

第 4 章　植木枝盛関連図書目録　　153

	タイトル	責任表示	出版者	出版年	注　記
＊	国家・市民社会と教育の位相：疎外・物象化・ヘゲモニーを磁場にして	黒沢惟昭著	御茶の水書房	2000	
＊	社会変革をめざした女たち：日本婦人問題懇話会会報アンソロジー	日本婦人問題懇話会会報アンソロジー編集委員会編	ドメス出版	2000	
＊	自由民権の文化史：新しい政治文化の誕生	稲田雅洋著	筑摩書房	2000	
＊	世界史のなかの民衆運動	深谷克己編	青木書店	2000	シリーズ名：民衆運動史：5
＊	世界の中の憲法第九条：資料と解説	星野安三郎[ほか]著；歴史教育者協議会編	高文研	2000	
＊	責任の思想	片岡寛光著	早稲田大学出版部	2000	
＊	徹底批判『国家の歴史』	「教科書に真実と自由を」連絡会編	大月書店	2000	
＊	日本近代史の地下水脈をさぐる：信州・上田自由大学への系譜	小林利通著	梨の木舎	2000	シリーズ名：教科書に書かれなかった戦争；pt.35
＊	「日本人らしさ」とは何か：日本人の「行動文法」を読み解く	竹内靖雄著	ＰＨＰ研究所	2000	シリーズ名：PHP文庫
＊	日本民衆倫理思想史研究	布川清司著	明石書店	2000	
＊	明治維新	田中彰著	岩波書店	2000	シリーズ名：岩波ジュニア新書-日本の歴史；7
＊	龍馬の時代：京を駆けた志士群像	木村幸比古[著]	高知新聞社	2000	追補版
＊	植木枝盛研究資料目録	外崎光広著	平和資料館・草の家	2001	
＊	改憲幻想論：壊れていない車は修理するな	佐柄木俊郎著	朝日新聞社	2001	

154　第Ⅱ部　資　　料

	タイトル	責任表示	出版者	出版年	注　記
＊	「君死にたまふことなかれ」と『きけわだつみのこえ』・「無言館」：近代日本の戦争における個人と国家との関係をめぐって	幸津國生著	文芸社	2001	
＊	近代読者の成立	前田愛著	岩波書店	2001	シリーズ名：岩波現代文庫；文芸
＊	近代日本のアポリア：近代化と自我・ナショナリズムの諸相	西田毅編	晃洋書房	2001	シリーズ名：シリーズ・近代日本の知；第2巻
＊	近代日本の教育実践	花井信著	川島書店	2001	
＊	近代日本のナショナリズム	栄沢幸二著	青山社	2001	
＊	高知県の歴史	荻慎一郎［ほか］著	山川出版社	2001	シリーズ名：県史；39
＊	獅子の夢：明治人横川省三・その生と死	幕内満雄著	叢文社	2001	
＊	世界統合論：宗教と科学を両輪とする世界連邦政府の早急な実現を目指して	比嘉厚夫著	文芸社	2001	
＊	戦後社会福祉基本文献集.15	一番ケ瀬康子［ほか］編	日本図書センター	2001	各巻タイトル：日本の救貧制度／日本社会事業大学救貧制度研究会編（勁草書房1960年刊の複製）
＊	田中正造の近代	小松裕著	現代企画室	2001	
＊	慟哭の大地：もうひとつの「暁に祈る」	葵貴隆著	文芸社	2001	
＊	二〇〇一年の中江兆民：憲法から義太夫節まで	井田進也著	光芒社	2001	
＊	橋川文三著作集.5	橋川文三著；神島二郎［ほか］編	筑摩書房	2001	増補版
＊	日の沈む国へ：歴史を学ばない者たちよ	色川大吉著	小学館	2001	

第4章 植木枝盛関連図書目録　155

	タイトル	責任表示	出版者	出版年	注 記
＊	福澤諭吉研究：福澤諭吉と幕末維新の群像	飯田鼎著	御茶の水書房	2001	シリーズ名：飯田鼎著作集：第5巻
＊	婦人思想形成史ノート.上	丸岡秀子著	ドメス出版	2001	新装版
＊	平和憲法：基礎と成立	荒井誠一郎著	敬文堂	2001	
＊	法社会史	水林彪[ほか]編	山川出版社	2001	シリーズ名：新体系日本史：2
＊	マスコミ・ジャーナリズムの本全情報1996-2001	日外アソシエーツ株式会社編	日外アソシエーツ	2001	
＊	民衆世界への問いかけ	大門正克、小野沢あかね編	東京堂出版	2001	シリーズ名：展望日本歴史：21
＊	明治天皇.上巻	ドナルド・キーン著；角地幸男訳	新潮社	2001	内容：植木枝盛の自由民権　ほか
＊	いま、教育基本法を読む：歴史・争点・再発見	堀尾輝久著	岩波書店	2002	
＊	岩倉使節団の歴史的研究	田中彰著	岩波書店	2002	
＊	岩波講座天皇と王権を考える.第4巻	網野善彦[ほか]編	岩波書店	2002	各巻タイトル：宗教と権威
＊	沖縄島嶼経済史：十二世紀から現在まで	松島泰勝著	藤原書店	2002	
＊	改憲・護憲何が問題か：徹底検証・憲法調査会	高田健著	技術と人間	2002	
＊	拡大するモダニティ		岩波書店	2002	シリーズ名：岩波講座近代日本の文化史：6
＊	近代日本のアイデンティティと政治	米原謙著	ミネルヴァ書房	2002	シリーズ名：Minerva 人文・社会科学叢書；65.内容：自由民権期の自我とアイデンティティー植木枝盛　ほか
＊	国境を貫く歴史認識：教科書・日本、そして未来	菅原憲二、安田浩編	青木書店	2002	
＊	戦後日本への出発	松尾尊兊著	岩波書店	2002	

156　第Ⅱ部　資　　料

タイトル	責任表示	出版者	出版年	注　記
＊　相州自由民権運動の展開	大畑哲著	有隣堂	2002	
＊　続蘇峰とその時代：小伝鬼才の書誌学者島田翰他	高野静子著	徳富蘇峰記念館	2002	再版．内容：植木枝盛ほか
＊　中国思想史の研究	島田虔次著	京都大学学術出版会	2002	シリーズ名：東洋史研究叢刊；59
＊　日本近代思想史序説．明治期前篇；上	岩崎允胤著	新日本出版社	2002	
＊　日本近代思想史序説．明治期前篇；下	岩崎允胤著	新日本出版社	2002	内容：植木枝盛と自由民権・天賦人権　ほか
＊　日本近代精神史の研究	飛鳥井雅道著	京都大学学術出版会	2002	
＊　日本経済の構造改革	佐藤真人［ほか］著	桜井書店	2002	
＊　「日本国憲法」無効論	小山常実著	草思社	2002	
＊　日本の酒：その起源と歴史	市川次郎著	東亜文物懇話会	2002	
＊　日本文化を知る講座．第2集	國學院大學日本文化研究所編	國學院大學日本文化研究所	2002	
＊　日本法社会史を拓く	井ケ田良治著	部落問題研究所	2002	
＊　はじめて学ぶ日本近代史：開国から日清・日露まで	大日方純夫著	大月書店	2002	
＊　南方熊楠の思想と運動	後藤正人著	世界思想社	2002	シリーズ名：Sekaishiso seminar
＊　明治憲法体制	安田浩、源川真希編	東京堂出版	2002	シリーズ名：展望日本歴史；19
＊　明治憲法の思想：日本の国柄とは何か	八木秀次著	ＰＨＰ研究所	2002	シリーズ名：ＰＨＰ新書
＊　明治国家の基本構造：帝国誕生のプレリュード	大塚桂著	法律文化社	2002	

第4章 植木枝盛関連図書目録　157

	タイトル	責任表示	出版者	出版年	注　記
＊	明治人の力量	佐々木隆著	講談社	2002	シリーズ名：日本の歴史：21
＊	冷戦体制と資本の文化		岩波書店	2002	シリーズ名：岩波講座近代日本の文化史：9
＊	歴史の中の日本国憲法	永田秀樹、和田進編	法律文化社	2002	
＊	家永三郎の残したもの引き継ぐもの	大田堯[ほか]編	日本評論社	2003	
＊	一歴史学者の歩み	家永三郎著	岩波書店	2003	シリーズ名：岩波現代文庫；社会. 三省堂1977年刊の増補
＊	大隈重信と政党政治：複数政党制の起源明治十四年－大正三年	五百旗頭薫著	東京大学出版会	2003	
＊	オー・マイ・パパ	大野真理子編著	文芸社	2003	
＊	終わらない20世紀：東アジア政治史1894～	石川捷治、平井一臣編	法律文化社	2003	シリーズ名：法律文化ベーシック・ブックス
＊	近代日本の法社会史：平和・人権・友愛	後藤正人著	世界思想社	2003	シリーズ名：Sekaishiso seminar
＊	社会福祉と日本の宗教思想：仏教・儒教・キリスト教の福祉思想	吉田久一著	勁草書房	2003	
＊	自由民権	井上清著	岩波書店	2003	シリーズ名：岩波現代文庫：学術－井上清史論集：2
＊	自由民権運動と女性	大木基子著	ドメス出版	2003	
＊	人権・主権・平和：生命権からの憲法的省察	山内敏弘著	日本評論社	2003	
＊	新・検証日本国憲法	小栗実編著	法律文化社	2003	
＊	人生、義理と人情に勝るものなし	童門冬二著	ＰＨＰ研究所	2003	
＊	漱石・女性・ジェンダー	中山和子著	翰林書房	2003	シリーズ名：中山和子コレクション；1

158　第Ⅱ部　資　　料

	タイトル	責任表示	出版者	出版年	注　記
＊	他者を負わされた自我知：近代日本における倫理意識の軌跡	加藤尚武編	晃洋書房	2003	シリーズ名：シリーズ・近代日本の知；第3巻
＊	脱グローバリズムの世界像：同時代史を読み解く	進藤榮一著	日本経済評論社	2003	
＊	徳富蘇峰：日本ナショナリズムの軌跡	米原謙著	中央公論新社	2003	シリーズ名：中公新書
＊	20世紀日本の歴史学	永原慶二著	吉川弘文館	2003	
＊	日中関係の基本構造：2つの問題点・9つの決定事項	家近亮子著	晃洋書房	2003	
＊	日本近代史への視座	大石嘉一郎著	東京大学出版会	2003	
＊	ふたたび「科学の目」を語る：二十一世紀の資本主義と社会主義	不破哲三著	新日本出版社	2003	
＊	民友社とその時代：思想・文学・ジャーナリズム集団の軌跡	西田毅[ほか]編	ミネルヴァ書房	2003	
＊	植木枝盛と育幼論	森岡和子[著]	高知市立自由民権記念館友の会	2004	シリーズ名：高知市立自由民権記念館友の会ブックレット；No.7．内容：植木枝盛と育幼論／森岡和子著；植木枝盛「育幼論」現代語訳／植木枝盛「育幼論」研究会訳
＊	沖縄差別と平和憲法：日本国憲法が死ねば、「戦後日本」も死ぬ	大田昌秀著	BOC出版	2004	
＊	近代日本と国際社会	小風秀雄著	放送大学教育振興会	2004	放送大学教材
＊	憲法	辻村みよ子著	日本評論社	2004	第2版
＊	憲法と歴史学：憲法改正論争の始まりに際して	小路田泰直[ほか]編	ゆまに書房	2004	シリーズ名：いさな叢書；3

第 4 章　植木枝盛関連図書目録　　159

タイトル	責任表示	出版者	出版年	注　記
＊　思想史から見る日本の歴史	小野寺満著	葦書房	2004	
＊　自由民権と近代社会	新井勝紘編	吉川弘文館	2004	シリーズ名：日本の時代史：22
＊　新・日本社会事業の歴史	吉田久一著	勁草書房	2004	
＊　生命：生老病死の宇宙	池上良正 [ほか] 編	岩波書店	2004	シリーズ名：岩波講座宗教；第7巻
＊　朝鮮戦争と吹田・枚方事件：戦後史の空白を埋める	脇田憲一著	明石書店	2004	
＊　伝えたい土佐の100人その言葉	高知新聞社編	高知新聞社	2004	内容：植木枝盛　ほか
＊　ナショナリズムと自由民権	田村安興著	清文堂出版	2004	内容：植木枝盛と板垣退助の対外観　ほか
＊　新渡戸稲造と妻メリー：教育者・平和主義者として	湊晶子著	キリスト新聞社	2004	
＊　日本近代思想史序説.明治期後篇；上	岩崎允胤著	新日本出版社	2004	
＊　日本近代思想史序説.明治期後篇；下	岩崎允胤著	新日本出版社	2004	
＊　日本国憲法制定の系譜.V.1	原秀成著	日本評論社	2004	各巻タイトル：戦争終結まで
＊　日本国憲法における「国民」概念の限界と「市民」概念の可能性：「外国人法制」の憲法的統制に向けて	佐藤潤一著	専修大学出版局	2004	
＊　幕末期の思想と習俗	宮城公子著	ぺりかん社	2001	
＊　隼人学：地域遺産を未来につなぐ	志學館大学生涯学習センター、隼人町教育委員会編	南方新社	2004	
＊　評伝片山徳治	永田和子著	高知新聞企業	2004	

160　第Ⅱ部　資　料

	タイトル	責任表示	出版者	出版年	注　記
＊	明治憲法制定とその周辺	平野武著	晃洋書房	2004	内容：民権派の憲法論と私擬憲法　ほか
＊	森有礼とホーレス・マンの比較研究試論：日米近代女子教育成立史研究の過程から	秋枝蕭子著	梓書院	2004	内容：補遺－森有礼と植木枝盛　ほか
＊	わたしの身体、わたしの言葉：ジェンダーで読む日本近代文学	江種満子著	翰林書房	2004	
＊	朝日百科. 日本の歴史別冊：歴史を読みなおす. 21	廣田一編	朝日新聞社	2005	各巻タイトル：立国の時代
＊	往復書簡後藤新平－徳富蘇峰：1895－1929	後藤新平、徳富蘇峰［著］；高野静子編著	藤原書店	2005	シリーズ名：後藤新平の全仕事
＊	岡田純也著作選集. 1	岡田純也著	ＫＴＣ中央出版	2005	各巻タイトル：児童文芸史. 内容：児童観の黎明－植木枝盛・若松賤子ほか
＊	改憲論を診る	水島朝穂編著	法律文化社	2005	
＊	概説日本思想史	佐藤弘夫編集委員代表	ミネルヴァ書房	2005	
＊	鹿児島近代社会運動史	川嵜兼孝［ほか］著	南方新社	2005	
＊	刀狩り：武器を封印した民衆	藤木久志著	岩波書店	2005	シリーズ名：岩波新書
＊	韓国・日本・「西洋」：その交錯と思想変容	渡辺浩、朴忠錫編著	慶應義塾大学出版会	2005	シリーズ名：日韓共同研究叢書；11
＊	漢字で“チャット”：おしゃべり：ケータイ・コミュニケーションの新展開	前田晃著	文芸社	2005	
＊	近代国家を構想した思想家たち	鹿野政直著	岩波書店	2005	シリーズ名：岩波ジュニア新書；508. 内容：「国民」の形成をめざして（植木枝盛　ほか）　ほか

第 4 章　植木枝盛関連図書目録　　161

	タイトル	責任表示	出版者	出版年	注 記
＊	近代の成立	歴史学研究会、日本史研究会編	東京大学出版会	2005	シリーズ名：日本史講座：第 8 巻
＊	限界の思考：空虚な時代を生き抜くための社会学	宮台真司、北田暁大著	双風舎	2005	
＊	御一新とジェンダー：荻生徂徠から教育勅語まで	関口すみ子著	東京大学出版会	2005	
＊	憲法と日本のあゆみ：明治・大正：歴史への招待	伊藤光一著	日本専門図書出版	2005	
＊	憲法論争	NHK 編；林修三［ほか］著	日本放送出版協会	2005	シリーズ名：NHK ライブラリー；194
＊	在日コリアン文化と日本の国際化：より開かれた出会いを求めて	王清一編	王利鎬日本学研究所	2005	会期・会場：1990 年 11 月 23 日京都市国際交流会館〈イベントホール〉ほか．内容：植木枝盛の自由民権思想と儒学／王家［カ］述　ほか
＊	酒造りの歴史	柚木学著	雄山閣	2005	新装版
＊	戦後60年	上野昂志著	作品社	2005	
＊	戦略的日本経済論と移行期経済論	木村武雄著	五絃舎	2005	
＊	総批判改憲論	澤野義一［ほか］編	法律文化社	2005	
＊	大正デモクラシーと大山郁夫	藤原保信著；荻原隆、梅森直之編	新評論	2005	シリーズ名：藤原保信著作集：第 6 巻
＊	中国思想史の研究	島田慶次著	京都大学学術出版会	2005	改装版．シリーズ名：東洋史研究叢刊：59
＊	「毒殺」で読む日本史	岡村青著	現代書館	2005	内容：植木枝盛政敵に毒殺されるのこと　ほか
＊	日本進化思想史．1	横山利明著	新水社	2005	サブタイトル：明治時代の進化思想
＊	日本政党史：1890〜1947年まで	伊吹健著	尚学社	2005	

162　第Ⅱ部　資　　料

	タイトル	責任表示	出版者	出版年	注　記
＊	日本の思想家：時代の潮流を創った思想家・伝記目録	日外アソシエーツ編集部編	日外アソシエーツ	2005	
＊	日本の地方自治その歴史と未来	宮本憲一著	自治体研究所	2005	シリーズ名：現代自治選書
＊	平和学のアジェンダ	岡本三夫、横山正樹編	法律文化社	2005	
＊	明治デモクラシー	坂野潤治著	岩波書店	2005	シリーズ名：岩波新書；新赤版-939
＊	山本正美治安維持法裁判陳述集	山本正美論述；刊行委員会編監	新泉社	2005	シリーズ名：山本正美裁判関係記録・論文集；続
＊	ヴィクトリア朝英国と東アジア	川本皓嗣、松村昌家編	思文閣出版	2006	シリーズ名：大手前大学比較文化研究叢書；3
＊	開化派リーダーたちの日本亡命：金玉均・朴泳孝・徐載弼の足跡を辿る	姜健栄著	朱鳥社	2006	
＊	近・現代日本哲学思想史：明治以来、日本人は何をどのように考えて来たか	濱田恂子著	関東学院大学出版会	2006	
＊	近代国家の出発	色川大吉著	中央公論新社	2006	改版. シリーズ名：中公文庫-日本の歴史：21
＊	近代日本政治史	坂野潤治著	岩波書店	2006	シリーズ名：岩波テキストブック
＊	近代日本政治思想小史：明治維新より昭和まで	石田圭介著	翔雲社	2006	
＊	近代日本精神史：福沢諭吉から丸山真男まで	南原一博著	大学教育出版	2006	
＊	近代日本の政治	寺崎修編著	法律文化社	2006	シリーズ名：シリーズ日本の政治；第2巻
＊	近代日本文化の再発見	松永昌三編	岩田書院	2006	
＊	高知県の不思議事典	谷是編	新人物往来社	2006	内容：植木枝盛憲法草案が日本国憲法に活かされているというのは本当か？　ほか

第 4 章　植木枝盛関連図書目録　　163

	タイトル	責任表示	出版者	出版年	注　記
*	古在由重の哲学	古在由重著；吉田傑俊編	こぶし書房	2006	シリーズ名：こぶし文庫；44
*	高知県の歴史散歩	高知県高等学校教育研究会歴史部会編	山川出版会	2006	シリーズ名：歴史散歩；39.内容：植木枝盛旧邸跡ほか
*	国家史	宮地正人［ほか］編	山川出版社	2006	シリーズ名：新体系日本史：1
*	自由民権家中島信行と岸田俊子：自由への闘い	横澤清子著	明石書店	2006	
*	自由民権の再発見	安在邦夫、田﨑公司編著	日本経済評論社	2006	
*	『世界』憲法論文選：1946 - 2005	井上ひさし、樋口陽一編	岩波書店	2006	
*	日本キリスト教国化の策謀	鬼塚英昭著	成甲書房	2006	シリーズ名：天皇のロザリオ；上
*	日本国憲法制定の系譜. V.3	原秀成著	日本評論社	2006	各巻タイトル：戦後日本で. 内容：「新憲法制定の根本要綱」の起源－植木枝盛と外国憲法　ほか
*	日本国憲法第9条成立の思想的淵源の研究：「戦争非合法化」論と日本国憲法の平和主義	河上暁弘著	専修大学出版局	2006	
*	日本の戦争封印された言葉	田原総一郎著	アスコム	2006	内容：植木枝盛　ほか
*	晩年の石橋湛山：脱冷戦と護憲・軍備全廃の理想を目指して	姜克實著	明石書店	2006	
*	氷見市史 2	氷見市史編さん委員会編	氷見市	2006	各巻タイトル：通史編；2. 内容：植木枝盛の氷見通過　ほか
*	平和憲法と共生六十年：憲法第九条の総合的研究に向けて	小林直樹著	慈学社	2006	
*	民権と憲法	牧原憲夫著	岩波書店	2006	シリーズ名：岩波新書；新赤版-1043. シリーズ日本近現代史；2

164　第Ⅱ部　資　　料

	タイトル	責任表示	出版者	出版年	注　記
＊	明治維新と文明開化：明治期	半藤一利監修・年表解説	世界文化社	2006	シリーズ名：日本の歴史を見る-ビジュアル版；9
＊	メディアのなかの「帝国」	山本武利責任編集	岩波書店	2006	シリーズ名：岩波講座「帝国」日本の学知；第4巻
＊	龍馬の時代：京を駆けた志士群像	木村幸比古著	淡交社	2006	
＊	エンサイクロペディア社会福祉学	仲村優一［ほか］編	中央法規出版	2007	
＊	尾佐竹猛研究	明治大学史資料センター編	日本経済評論社	2007	
＊	書く女たち：江戸から明治のメディア・文学・ジェンダーを読む	北田幸恵著	學藝書林	2007	
＊	学校制度と社会	髙橋靖直編著;曽野洋、高田文子［執筆］	玉川大学出版部	2007	シリーズ名：玉川大学教職専門シリーズ
＊	北村透谷	色川大吉著	東京大学出版会	2007	新装版. シリーズ名：近代日本の思想家；6
＊	救貧のなかの日本近代：生存の義務	冨江直子著	ミネルヴァ書房	2007	シリーズ名：Minerva社会福祉叢書；18
＊	近代天皇制への道程	田中彰著	吉川弘文館	2007	シリーズ名：歴史文化セレクション
＊	近代日本女性史講義	石月静恵著	世界思想社	2007	
＊	近代日本の戦争と文学	西田勝著	法政大学出版局	2007	
＊	近代日本の転機. 明治・大正編	鳥海靖編	吉川弘文館	2007	
＊	憲法9条の思想水脈	山室信一著	朝日新聞社	2007	シリーズ名：朝日選書；823. 内容：植木枝盛の無上政法論　ほか
＊	憲法諸相と改憲論：吉田善明先生古稀記念論文集	吉田善明先生古稀記念論文集刊行委員会編	敬文堂	2007	

第4章 植木枝盛関連図書目録　165

	タイトル	責任表示	出版者	出版年	注　記
＊	知っ得明治・大正・昭和風俗文化誌：近代文学を読むために	國文學編集部編	學燈社	2007	
＊	情報戦と現代史：日本国憲法へのもうひとつの道	加藤哲郎著	花伝社	2007	
＊	戦後日本政治と平和外交：21世紀アジア共生時代の視座	進藤榮一、水戸考道編	法律文化社	2007	
＊	総点検日本の戦争はなんだったか	吉岡吉典著	新日本出版社	2007	
＊	中江兆民	土方和雄著	東京大学出版会	2007	新装版. シリーズ名：近代日本の思想家：2
＊	新島襄とその周辺	太田雅夫著	青山社	2007	
＊	日本近代法学の揺籃と明治法律学校	村上一博編著	日本経済評論社	2007	シリーズ名：明治大学社会科学研究所叢書
＊	日本国憲法の精神	渡辺洋三著	新日本出版社	2007	新装版
＊	日本道徳思想史	家永三郎著	岩波書店	2007	シリーズ名：岩波全書セレクション
＊	日本の幼児教育思想と倉橋惣三	諏訪義英著	新読書社	2007	新装新版
＊	日本売春史：遊行女婦からソープランドまで	小谷野敦著	新潮社	2007	シリーズ名：新潮選書
＊	平和主義と改憲論議	澤野義一著	法律文化社	2007	
＊	明治憲法欽定史	川口暁弘著	北海道大学出版会	2007	
＊	明治天皇. 2	ドナルド・キーン著, 角地幸男訳	新潮社	2007	シリーズ名：新潮文庫；き 30-2. 内容・植木枝盛の自由民権　ほか
＊	もう一度学びたい幕末・明治維新	永濱眞理子著	西東社	2007	
＊	四字熟語で読む日本史	河合敦著	学習研究社	2007	シリーズ名：学研新書
＊	わき立つ民論	松本三之介編著	筑摩書房	2007	シリーズ名：日本の百年；2（1877-1889）、ちくま学芸文庫

166　第Ⅱ部　資　　料

	タイトル	責任表示	出版者	出版年	注　記
＊	「愛」と「性」の文化史	佐伯順子著	角川学芸出版	2008	シリーズ名：角川選書；431
＊	石川の日本近現代史入門：日本にとっての「近代」	石川晶康著	学習研究社	2008	
＊	江戸の知識から明治の政治へ	松田宏一郎著	ぺりかん社	2008	
＊	学校改革の史的原像：「大正自由教育」の系譜をたどって	中野光著	黎明書房	2008	
＊	鹿野政直思想史論集.第7巻	鹿野政直著	岩波書店	2008	
＊	近代の再構築：日本政治イデオロギーにおける自然の概念	ジュリア・アデニー・トーマス[著]；杉田米行訳	法政大学出版局	2008	シリーズ名：叢書・ウニベルシタス；894. 内容：植木枝盛－ぼくは充電されたからだを歌うほか
＊	慶應義塾で学んだ女性たち：独立自尊へのあゆみ	米津昭子ほか著；慶應婦人三田会「プロジェクトF」編	慶應義塾大学出版会	2008	
＊	慶應義塾弁論部百三十年史：明治9年－平成18年		慶應義塾大学弁論部	2008	
＊	現代の児童福祉	古川孝順、田澤あけみ編	有斐閣	2008	シリーズ名：有斐閣ブックス
＊	憲法	辻村みよ子著	日本評論社	2008	第3版
＊	憲法の争点	大石眞、石川健治編	有斐閣	2008	シリーズ名：ジュリスト増刊－新・法律学の争点シリーズ；3
＊	ジェンダーと人権：歴史と理論から学ぶ	辻村みよ子著	日本評論社	2008	「女性と人権」（1997年刊）の改訂
＊	司馬遼太郎と網野義彦：「この国のかたち」を求めて	川原崎剛雄著	明石書店	2008	
＊	自由民権運動の研究：急進的自由民権運動家の軌跡	寺崎修著	慶應義塾大学法学研究会	2008	シリーズ名：慶應義塾大学法学研究会叢書；77

第4章　植木枝盛関連図書目録　167

	タイトル	責任表示	出版者	出版年	注　記
＊	人権のはじまり：近代日本の人権思想	尾川昌法著	部落問題研究所	2008	
＊	中江兆民の国家構想：資本主義化と民衆・アジア	小林瑞乃著	明石書店	2008	
＊	日本憲政史	坂野潤治著	東京大学出版会	2008	
＊	日本国憲法誕生：知られざる舞台裏	塩田純著	日本放送出版協会	2008	
＊	日本思想史ハンドブック	苅部直、片岡龍編	新書館	2008	
＊	日本の安全保障政策	西川吉光著	晃洋書房	2008	
＊	日本の思想	清水正之著	放送大学教育振興会	2008	
＊	福沢諭吉と中江兆民：〈近代化〉と〈近代化〉の思想	吉田傑俊著	大月書店	2008	シリーズ名：近代日本思想論：1
＊	松下竜一未刊行著作集. 4	松下竜一著；新木安利、梶原得三郎編	海鳥社	2008	各巻タイトル：環境権の過程
＊	マンガから考える法と社会	矢野達雄著	新日本出版社	2008	
＊	明治精神史. 下	色川大吉著	岩波書店	2008	シリーズ名：岩波現代文庫：学術-200
＊	明治文化研究会と明治憲法：宮武外骨・尾佐竹猛・吉野作造	堅田剛著	御茶の水書房	2008	
＊	歴史・思想からみた現代政治	出原政雄編	法律文化社	2008	
＊	アジア文化と文学思想：日韓比較の視点から	朴順伊著	文眞堂	2009	
＊	「いのち」と帝国日本：明治時代中期から一九二〇年代	小松裕著	小学館	2009	シリーズ名：全集日本の歴史：第14巻

168　第Ⅱ部　資　　料

	タイトル	責任表示	出版者	出版年	注　記
＊	大声で歌え「君が代」を	ケヴィン・M．ドーク著；工藤美代子訳	PHP研究所	2009	
＊	概説日本政治思想史	西田毅編著	ミネルヴァ書房	2009	
＊	気の文明と気の哲学：蒼龍窟河井継之助の世界	大橋健二著	勉誠出版	2009	
＊	近現代部落史：再編される差別の構造	黒川みどり、藤野豊編	有志舎	2009	
＊	近代日本の国家構想：1871 - 1936	坂野潤治著	岩波書店	2009	シリーズ名：岩波現代文庫：学術；228
＊	近代日本の政党と社会	安在邦夫［ほか］編著	日本評論社	2009	内容：植木枝盛と自由党結成／福井淳著　ほか
＊	現代憲法における安全：比較憲法学的研究をふまえて	森英樹編	日本評論社	2009	
＊	現代日本の憲法	元山健、建石真公子編	法律文化社	2009	
＊	高知城とその周辺、市内西部、初月地区	土佐観光ガイドボランティア協会編著	土佐観光ガイドボランティア協会	2009	シリーズ名：高知観光ガイドブック；vol.1．内容：植木枝盛旧邸の碑　ほか
＊	国民リーダー大隈重信	片岡寛光著	冨山房インターナショナル	2009	
＊	瀬戸内の経済人：人と企業の歴史に学ぶ23話．続	赤井克己著	吉備人出版	2009	
＊	自由民権運動の系譜：近代日本の言論の力	稲田雅洋著	吉川弘文館	2009	シリーズ名：歴史文化ライブラリー；281．内容：オルガナイザー植木枝盛　ほか
＊	なるほど！名言金言：大きな文字	主婦の友社編	主婦の友社	2009	
＊	日本国憲法の誕生	古関彰一著	岩波書店	2009	シリーズ名：岩波現代文庫；G215

第 4 章　植木枝盛関連図書目録　　169

	タイトル	責任表示	出版者	出版年	注　記
＊	日本人物百年史：写真記録	サン写真新聞社編	日本図書センターP&S	2009	内容：植木枝盛　ほか
＊	年表で読む日本近現代史	渡部昇一著	海竜社	2009	増補改訂版
＊	羽仁五郎戦後著作集.第3巻	羽仁五郎著	学術出版会	2009	シリーズ名：学術著作集ライブラリー.各巻タイトル：文化論
＊	「未完の革命」としての平和憲法：立憲主義思想史から考える	千葉眞著	岩波書店	2009	
＊	明治の名著.1	小田切秀雄、渡邊澄子編	自由国民社	2009	シリーズ名：明快案内シリーズ知の系譜－読書入門.各巻タイトル：論壇の誕生と隆盛
＊	小田実全集.評論；第3巻	小田実著	講談社	2010	各巻タイトル：日本の知識人
＊	小野梓と自由民権	勝田政治著	有志舎	2010	
＊	近代日本の政党と社会	安在邦夫［ほか］編著	日本評論社	2010	2009年刊を原本としたオンデマンド版.内容：植木枝盛と自由党結成／福井淳著　ほか
＊	現代日本の家族と社会保障	加茂直樹著	世界思想社	2010	
＊	人物でよむ社会福祉の思想と理論	室田保夫著	ミネルヴァ書房	2010	内容：植木枝盛－自由民権家の福祉論　ほか
＊	図解幕末・明治維新	永濱眞理子著	西東社	2010	シリーズ名：歴史がおもしろいシリーズ！
＊	政治社会思想史	宮地正人［ほか］編	山川出版社	2010	シリーズ名：新体系日本史：4
＊	日本政治思想史：十七～十九世紀	渡辺浩著	東京大学出版会	2010	
＊	日本の歴史.近世・近現代編	藤井讓治、伊藤之雄編	ミネルヴァ書房	2010	
＊	青山霊園歴史的墓所ガイド	［東京都建設局編］	東京都建設局	2011	

170　第Ⅱ部　資　　料

タイトル	責任表示	出版者	出版年	注　記
＊ 維新と興亜に駆けた日本人：今こそ知っておきたい二十人の志士たち	坪内隆彦著	展転社	2011	内容：植木枝盛－貫かれた民権と国権の不可分ほか
＊ 学び直す日本史. 近代編	近現代史研究室著	ＰＨＰ研究所	2011	
＊ 植木枝盛：研究と資料	中村克明著	関東学院大学出版会	2012	
＊ 植木枝盛の平和と民権の思想：自刊	後藤正人著	［後藤正人］	2012	増補版第2版
＊ 近現代日本史と歴史学：書き替えられてきた過去	成田龍一著	中央公論新社	2012	シリーズ名：中公新書：2150
＊ 憲法	辻村みよ子著	日本評論社	2012	第4版
＊ 四国の自由民権運動	四国地域史研究連絡協議会編	岩田書院	2012	シリーズ名：岩田書院ブックレット：歴史考古学系 H-13. 内容：植木枝盛旧邸襖の下張りについて／今井章博著　ほか
＊ 全国創業者列伝	鈴木隆祐著	双葉社	2012	シリーズ名：双葉新書：050
＊ 日記に読む近代日本. 2	千葉功編	吉川弘文館	2012	各巻タイトル：明治後期. 内容：植木枝盛日記／金井隆典著　ほか
＊ 日本近代史	坂野潤治著	筑摩書房	2012	シリーズ名：ちくま書房：948
＊ 日本人1200人：1冊でまるわかり	入澤宣幸著	西東社	2012	シリーズ名：ビジュアル百科. 内容：植木枝盛ほか
＊ 日本人の哲学. 1	鷲田小彌太著	言視舎	2012	各巻タイトル：第1部哲学者列伝
＊ 百代の過客：日記にみる日本人. 続	ドナルド・キーン著；金関寿夫訳	講談社	2012	内容：植木枝盛日記　ほか
＊ 福澤諭吉の政治思想	小川原正道著	慶應義塾大学出版会	2012	

第4章 植木枝盛関連図書目録 171

	タイトル	責任表示	出版者	出版年	注 記
＊	明治の革命：自由民権運動	三浦進著	同時代社	2012	内容：植木枝盛の憲法草案と日本国憲法　ほか
＊	明治精神の構造	松本三之介著	岩波書店	2012	シリーズ名：岩波現代文庫；G259．内容：民権の思想－植木枝盛　ほか
＊	近代日本と石橋湛山：『東洋経済新報』の人びと	松尾尊兊著	東洋経済新報社	2013	
＊	近代の光と闇：色川大吉歴史論集	色川大吉著	日本経済評論社	2013	
＊	近代文学のあけぼの展：自由民権運動と文学：高知県立文学館2013年度展覧会	高知県立文学館編集	高知県立文学館	2013	内容：植木枝盛旧邸の碑ほか
＊	原典でよむ日本デモクラシー論集	堀真清編	岩波書店	2013	岩波現代全書；006
＊	史跡ガイド土佐の自由民権：自由は土佐の山間より	公文豪著	高知新聞総合印刷	2013	
＊	大宰相・原敬	福田和也著	ＰＨＰ研究所	2013	
＊	東海近代史研究．第34号		東海近代史研究会	2013	内容：自由民権家の明治憲法体制観－植木枝盛と島田三郎の場合を中心に／稲田雅洋著；植木枝盛憲法草案の「残害」と「浸害」－愛知大学名古屋図書館所蔵「日本憲法」鈴木安蔵筆写本の意義／田村貞雄著　ほか
＊	入門近代日本思想史	濱田恂子著	筑摩書房	2013	シリーズ名：ちくま学芸文庫；ハ37-1
＊	東アジアの中の日本文化：日中韓文化関係の諸相	王敏編著	三和書籍	2013	シリーズ名：国際日本学とは何か？
＊	もういちど読む山川日本近代史	鳥海靖著	山川出版社	2013	
＊	安丸良夫集．2	安丸良夫著	岩波書店	2013	各巻タイトル：民衆運動の思想

172　第Ⅱ部　資　　料

	タイトル	責任表示	出版者	出版年	注　記
＊	るるぶ高知四万十.'13〜'14		ＪＴＢパブリッシング	2013	シリーズ名：るるぶ情報版－四国；5
＊	一字一涙：中島及著作集	中島及［著］；鍋島高明編	高知新聞社	2014	内容：植木枝盛と「共正会」；植木枝盛の性生活ほか
＊	オールカラーでわかりやすい！幕末・明治維新	永濱眞理子著	西東社	2014	
＊	〈階級〉の日本近代史：政治的平等と社会的不平等	坂野潤治著	講談社	2014	シリーズ名：講談社選書メチエ；586
＊	改憲問題とキリスト教	稲垣久和著	教文館	2014	
＊	かにた便：28号（1982.9.1)		かにた後援会	2014	
＊	ジェンダー史	大口勇次郎［ほか］編	山川出版社	2014	シリーズ名：新体系日本史；9
＊	自由民権と憲法：「東洋大日本国々憲案」から「日本国憲法」へ：高知市立自由民権記念館企画展	高知市立自由民権記念館編	高知市立自由民権記念館	2014	
＊	自由・民権・平和：日本近代史研究と私	松永昌三著	慶應義塾大学出版会	2014	
＊	世界十五大哲学	大井正、寺沢恒信著	ＰＨＰ研究所	2014	シリーズ名：ＰＨＰ文庫；お73-1
＊	ドイツ人学者から見た日本国憲法：憲法と集団安全保障－戦争廃絶に向けた日本の動機	Ｋ・シルヒトマン著；渡辺寛爾、倉崎星訳	本の泉社	2014	
＊	日本一わかりやすい図解日本史	久恒啓一著；河合敦監修	ＰＨＰエディターズ・グループ	2014	
＊	比較のなかの改憲論：日本国憲法の位置	辻村みよ子著	岩波書店	2014	シリーズ名：岩波新書；新赤版－1466
＊	保育原理の新基準	吉田直哉編著	三恵社	2014	

第4章　植木枝盛関連図書目録　　173

	タイトル	責任表示	出版者	出版年	注　記
＊	明治憲法の起草過程：グナイストからロェスラーへ	堅田剛著	御茶の水書房	2014	
＊	もうひとつの憲法読本：新たな自由民権のために	佐藤雅彦著	鹿砦社	2014	
＊	論語と「やせ我慢」：日本人にとって公共心とは何か	羽深成樹著	ＰＨＰ研究所	2014	
＊	ワンカップ大関は、なぜ、トップを走り続けることができるのか？：日本酒の歴史を変えたマーケティング戦略	ダイヤモンド・ビジネス企画編・著	ダイヤモンド・ビジネス企画	2014	
＊	東京青山霊園物語：「維新の元勲」から「女工哀史」まで人と時代が紡ぐ三十組の物語	立元幸治著	明石書店	2015	内容：民権運動の土佐人－中江兆民と植木枝盛ほか
＊	「憲法とは何か」を伊藤博文に学ぶ：『憲法義解』現代語訳＆解説	相澤理編著	アーク出版	2015	
＊	自民党の正体：こんなに愉快な派閥抗争史	倉山満著	ＰＨＰ研究所	2015	
＊	戦後リベラルの終焉：なぜ左翼は社会を変えられなかったのか	池田信夫著	ＰＨＰ研究所	2015	シリーズ名：ＰＨＰ新書；982
＊	中江兆民評伝	松永昌三著	岩波書店	2015	2冊．シリーズ名：岩波現代文庫－学術：332-333
＊	新島襄	和田洋一著	岩波書店	2015	シリーズ名：岩波現代文庫－社会；294
＊	年表で読む日本近現代史	渡部昇一著	海竜社	2015	増補3訂版
＊	広岡浅子気高き生涯：明治日本を動かした女性実業家	長尾剛著	ＰＨＰ研究所	2015	シリーズ名：ＰＨＰ文庫：な34-13
＊	平和憲法の深層	古関彰一著	筑摩書房	2015	シリーズ名：ちくま新書；1122

174　第Ⅱ部　資　　料

	タイトル	責任表示	出版者	出版年	注　記
＊	明治大正史. 上	中村隆英著；原朗、阿部武司編	東京大学出版会	2015	
＊	楽楽四国："楽しい旅でニッポン再発見"	平原聖子編集	ＪＴＢパブリッシング	2015	改訂2版. シリーズ名：中国四国；3

4.4　小　説　関　連

	タイトル	責任表示	出版者	出版年	注　記
＊	熱い河：小説植木枝盛	土佐文雄著	東邦出版社	1969	
＊	松本清張全集. 21	松本清張著	文芸春秋	1973	各巻タイトル：小説東京帝国大学・火の虚舟
＊	アトラス伝説	井出孫六著	冬樹社	1974	
＊	松本清張全集. 17	松本清張著	文芸春秋	1974	各巻タイトル：北の詩人・象徴の設計
＊	泣いて愛する姉妹に告ぐ：古在紫琴の生涯	山口玲子著	草土文化	1977	
＊	火はわが胸中にあり	沢地久枝[著]	角川書店	1978	
＊	アトラス伝説	井出孫六著	文芸春秋	1981	シリーズ名：文春文庫
＊	安岡章太郎対談集. 2		読売新聞社	1988	各巻タイトル：歴史と風土
＊	虹の断橋	嶋岡晨著	朝日新聞社	1992	
＊	歴史への感情旅行	安岡章太郎著	新潮社	1995	
＊	住井すゑ作品集. 第7巻	住井すゑ著	新潮社	1999	
＊	歴史への感情旅行	安岡章太郎著	新潮社	1999	シリーズ名：新潮文庫
＊	大阪でごわす：明治商都物語	島実蔵著	時事通信社	2001	
＊	熱い夜明け：でもくらしい事始め	塩田潮著	講談社	2010	

4.5 漫 画

タイトル	責任表示	出版者	出版年	注　記
＊　天保銭. 上巻	神田たけ志著	小池書院	2009	

著 者 紹 介

中村　克明（なかむら・かつあき）

1956年　長野県生まれ
1987年　図書館情報大学大学院図書館情報学研究科情報社会関係論
　　　　専攻修士課程修了
現　在　関東学院大学社会学部教授
専　攻　平和学．図書館情報学

主要著書
『知る権利と図書館』関東学院大学出版会、2005
『植木枝盛：研究と資料』関東学院大学出版会、2012

日本国国憲案の研究
―植木枝盛憲法案における軍事と人権―

2017年 3 月10日　第 1 刷発行

著　　者　　中 村 克 明

発 行 者　　関東学院大学出版会

　　　　　　代表者 規 矩 大 義

　　　　　　236-8501　横浜市金沢区六浦東一丁目50番 1 号
　　　　　　電話・(045)786-5906／FAX・(045)785-9572

発 売 所　　丸善出版株式会社

　　　　　　101-0051　東京都千代田区神田神保町二丁目17番
　　　　　　電話・(03)3512-3256／FAX・(03)3512-3270

印刷／製本・藤原印刷株式会社

©2017　Nakamura Katsuaki
ISBN 978-4-901734-65-3　C3031　　　　　Printed in Japan